발레,

미술관에 가다

발레,

미술관에 가다

역사에서 무대까지,
그림과 함께 읽는
인문학적 발레의 모든 것

한지영 지음

북피움

발레를 사랑한다는 건……

내가 스무 살 무렵에 읽은 소설책 이야기로 시작해본다. 알랭 드 보통의 『너를 사랑한다는 건Kiss and Tell』(1995). 알랭 드 보통의 '사랑과 인간관계 3부작' 중 완결편으로 알려진 이 소설의 이야기는 이렇다. 1인칭 화자인 '나'는 '인생의 여섯 달을 함께 보내다가, 차라리 내가 죽는 꼴을 보는 쪽이 낫겠다고 판단한 여자'에게 이별 편지를 받는다. 이기적이고 공감 능력이 부족하다는 것이 이유였다. 그러던 어느 날 '나'는 우연히 서점에서 비트겐슈타인의 전기를 마주하는데, 표지에 쓰인 '공감'이란 단어를 보고 어쩌면 사랑이란 한 사람의 전기 작가가 되어보는 것과 비슷할 것이라는 생각을 한다. 그때 그의 삶에 들어온 여인 이자벨. '나'는 타인에게 진정으로 귀 기울이지 못한 지난 시간에 속죄하듯이 이자벨을 온전히 알아가기 위해 전기 작가라는 열정적인 연인이 되고자 한다.

나에게 이 소설책은 연애의 기술을 설명하는 문장이 아니라, 어떤 대상을 깊이 바라보는 태도에 관한 정의처럼 다가왔다. 나는 책의 문장들을 머릿속에 오래 붙잡아두었고, 시간이 지난 후에야 내가 사랑하게 될 예술에 대한 이야기일 수도 있다는 걸 깨달았다. "자세히 보아야 예쁘다. 오래 보아야 사랑스럽다."고 노래한 나태주 시인의 말처럼, 발레는 나에게 그런 존재였다.

나는 발레를 전공했다. 그것은 어린 시절의 꿈이었고, 나의 훈련인 동시에 수많은 애증의 기억이 뒤섞인 감정의 뿌리였다. 무대 위에서 반복되는 동작은 익숙하면서도 이해하기 어려웠고, 아름다움의 이름으로 규정된 기준은 내 몸의 한계를 계속 시험케 했다. 때로 발레가 멀게 느껴지기도 했고, 그 안에 있는 어떤 모순과 허상을 직면하기도 했다. 그럼에도 불구하고 나는 아직도 발레를 곁에 두고 있다. 왜냐하면 그것은 여전히 나에게 질문하게 만들었고, 그 질문은 사랑으로 이어졌기 때문이다.

왜 발레리나는 꼭 공중에 떠야만 하는가?

왜 발레 속 여자는 늘 희생되고, 남자는 구조하려는가?

왜 발레는 완벽한 몸의 이상과, 아름다운 동작의 전형을
만들고자 했으며,

왜 현대의 발레는 신체를 해체하며 새로운 의미를 만들고
자 하는가?

『발레, 미술관에 가다』는 이러한 질문들에서 시작되었다. 이
책은 발레에 대해 알고 싶어지는 사람들을 위한 일종의 입문서이자,
예술을 사랑하는 방식에 대한 기록이다.

책은 두 개의 막, 또는 두 개의 시선으로 구성되어 있다. 1막
은 발레가 어떤 역사적 흐름 속에서 탄생하고 정착했는지를 다룬다.
르네상스 이탈리아의 궁정에서 시작된 춤 문화, 루이 14세의 정치적
도구로 기능한 발레의 제도화, 요정이 되어야만 했던 낭만주의 여성
무용수, 러시아 제국이 문화를 구축해가는 전략 속에서 만들어진
고전 발레의 체계와 작품들의 탄생에 얽힌 문화를 풀어낸다.

2막은 무대 위 사람들의 이야기로 이어진다. 전설로 남은 무
용수들, 반면에 스포트라이트를 받지 못했지만 분명히 존재했고 지
금도 존재하고 있는 익명의 별들, 안무가와 연출가, 그리고 발레가
동양의 문화와 만나면서 빚어낸 상상과 오리엔탈리즘의 잔재들까지
말이다. 그러면서 신체와 정체성, 무용수의 위계와 훈련, 발레를 보
는 시선이 어떻게 변화해왔는지를 입체적으로 살펴본다. 단지 춤의
역사를 말하는 것이 아니라, 무대라는 하나의 이미지 생산 장치가
어떻게 예술의 기준을 만들어내는지를 함께 바라보려 했다.

이 책의 시작은 발레를 담은 아름다운 명화에서 비롯되었다.

무대 위 찬란한 순간에 비해 발레는 우리 곁에 남는 것이 거의 없다. 형태도, 언어도 없이 사라지는 이 찰나의 예술은, 그 허무함 때문에 오히려 더 깊게 붙잡고 싶어진다. 그 욕망을 그림과 글이라는 형태로 오래 붙들어보고자 했다.

찾아보니, 발레를 그린 화가들은 생각보다 훨씬 많았다. 프랑스의 앙리 제르벡스, 가스통 라 투슈, 에드가르 드가, 툴루즈 로트레크, 에두아르 마네, 피에르 카리에 벨뢰즈, 장 루이 포랭, 덴마크의 폴 구스타프 피셔, 스페인의 엔리케 미랄레스 다르마닌, 러시아의 콘스탄틴 소모프, 세르게이 수데이킨, 아일랜드의 존 레이버리, 독일의 에른스트 오플러, 미국의 에버렛 신에 이르기까지. 이 책에는 이름을 일일이 언급하지 못한 수십 명의 작가들이 남긴 170여 점의 그림이 실려 있다. 어쩌면 발레를 주제로 한 전시회 도록이라 해도 좋을 것 같다.

명화가 포착한 무대 위나 일상 속의 무용수, 초상화와 역사화, 작품의 포스터 속 발레리나의 형상들은 무용의 기록이자, 시대가 발레를 어떻게 이해했는지를 보여주는 기록이 된다. 그림들은 장면의 감정을 더욱 선명하게 만들어주고, 독자는 마치 미술관을 걸으며 이야기를 따라가는 듯한 경험을 하게 된다. 나는 그 전시장을 함께 걷는 도슨트다. 각 방을 하나씩 열어 그림과 장면을 연결하고, 그 속에 담긴 인물과 의미를 함께 읽어가며, 발레라는 예술이 가진 다층적 얼굴들을 안내하고자 한다.

또한 책 곳곳에는 작은 이정표들이 함께 놓여 있다. 본문을 읽다 잠시 멈춰 서면, 그 곁에 놓인 자그마한 팁 박스들이 독자에게 속삭이듯 말을 건넨다. 무용수의 의상이나 기술, 시대별 특징, 역사적 뒷이야기까지, 본문에 들어가지는 않았지만 읽다보면 궁금해질 법한 내용들이다. 이 짧은 정보들은 본문을 보완하기보다는 오히려 새로운 질문을 환기시키고 독자의 상상력을 다른 방향으로 틔워주는 가지치기 장치라 할 수 있다. 마치 미술관 벽에 붙어 있는 캡션처럼, 그 내용이 전부를 말하지는 않지만 시선을 머물게 하고 문득 돌아서서 다시 작품을 보게 만드는 역할을 한다.

나는 이 책을 통해 발레에 대한 정보를 주기보다는 시선을 제안하고자 한다. 나에게 발레는 늘 정면을 바라보고 '전시'하는 예술이지만, 결코 한 방향으로만 감상할 수 있는 것은 아니었다. 그렇기에 이 책 역시 정답을 말하기보다는 그 곁에서 함께 걸으며 하나씩 질문을 던지는 방식으로 구성되어 있다. 이해하려 하기보다 먼저 질문하고, 감탄하기보다는 천천히 관찰하는 태도. 그것이 내가 이 책을 통해 독자와 나누고 싶은 발레를 사랑하는 방식이다. 사랑이란 결국, 질문이 멈추지 않는 상태 아닐까? 나는 이 책이 발레를 처음 만나는 사람에게는 애정 어린 초대장이 되고, 오래 알고 있던 사람에게는 또 다른 시선이 되기를 바란다. 그리고 그 여정이 끝날 즈음, 독자 여러분이 조금 더 가까이에서 발레를 사랑하게 되어 있기를 소망한다.

『발레, 미술관에 가다』는 나의 발레에 대한 애정과 열정을 기꺼이 나눠준 이들에게 바치는 고백이기도 하다. 나에게 멋진 기획을 적극적으로 제안해주고, 생각보다 길어진 원고 작업을 끝까지 믿고 기다려준 북피움출판사 대표님과 편집장님께 진심으로 감사드린다. 연구와 일상의 경계를 허물고 사는 나를 따뜻하게 이해해주며 늘 곁을 지켜주는 가족들에게도 깊은 고마움을 전한다. 그리고 마지막으로, 나의 영원한 첫사랑이자 언제나 나를 세상에 자랑하던 나의 아버지께 이 책을 바친다.

한지영

차례

ACT 2. 별들이 춤추다

「발레의 막 뒤에서」(c. 1890), 앙리 제르벡스

ACT 1.

무대가 열리다

사실 모든 발레는 무대가 아닌 곳에서 시작된다.

검은 상복 아래 피어난 백합처럼, 귀족의 사교춤에서 탄생한 이 예술은

태양왕의 절대권력 아래 궁정의 연희로, 요정의 환상으로,

그리고 인류의 오래된 설화로 변주된다.

1막에서는 발레가 역사의 한복판에서 어떤 빛을 받아왔는지,

그리고 무대 뒤의 세계가

어떻게 발레의 형식을 결정지었는지를 따라간다.

조명은 막 켜졌고, 그 첫걸음은 우리가 생각한 것보다

더 깊은 뿌리를 향하고 있다.

1장

검은 상복을 입은 백합,
발레를 낳다

'발레의 어머니' 카트린 드 메디치와
최초의 발레 「왕비의 코미크 발레」

'발레는 이탈리아에서 태어나 프랑스에서 꽃을 피우고 러시아에서 성숙했다'는 말이 있는데, 발레가 태어나고 꽃을 피운 중심에는 한 여인이 있었다. 이탈리아 메디치 가문 출신의 카트린 드 메디치(Catherine de' Medici, 1519-1589, 재위 1547-1559)이다. 메디치의 프랑스식 발음은 메디시스. 그녀는 1533년에 훗날 프랑스 왕 앙리 2세가 되는 오를레앙공 앙리 드 발루아와 결혼하여 프랑스 왕비가 된다. 황태후로서 40여 년 동안 프랑스를 통치한 그녀의 업적을 한 줄로 정리하자면 '이탈리아 르네상스 학문과 예술 등 지적 세계를 프랑스로 들여온 일등공신'이다.

그녀의 핏속에는 13~17세기 동안 실질적으로 피렌체를 지배했던 명문가이자 도시의 인문주의를 융성하여 르네상스의 요람으로 만든 메디치 가문의 정신이 흐르고 있었다. 메디치 가문은 세 명의 교황(레오 10세, 클레멘스 7세, 레오 11세)과 피렌체의 통치자, 그리고 카트린을 포함해 두 명의 프랑스 왕비를 배출한 뼈대 있는 집안이었다. 돈도 많았다. 가문의 핵심 사업인 메디치 은행은 유럽 여러 국가에 지점을 개설하여 다국적 기업으로 성장했고, 한때는 유럽에서 가장 부유한 은행 열 곳을 소유하기도 했을 만큼 금융에서의 업적도 막강했다. 심지어 그 풍부한 자본을 예술에 아낌없이 후원하였으니, 한마디로 돈을 잘 버는 만큼 잘 쓸 줄 알았던 훌륭한 집안이라 할 수 있겠다.

카트린 드 메디치는 명망 높은 가문 출신이었지만 개인적인 삶은 그리 평탄치 않았다. 일단 태어난 지 한 달도 안 되어 부모님을 잃은 탓에 할머니와 고모, 후에는 이모의 보살핌을 받으며 자랐다. 그러던 중 추기경 정권에 반대하는 세력에 인질로 잡혀 수녀원에 갇힌 채 유년기를 보내야 하는 굴곡을 겪었다. 그녀가 프랑스 왕가로 시집 올 때도 궁정의 반응은 냉랭했다. 은행가의 딸이라는 신분은 프랑스 왕실 귀족 사회에서는 상대적 열세였다. 프랑스 왕가로 시집을 가게 된 것은 이탈리아의 문화와 예술을 동경했던 시아버지 프랑수아 1세의 의지가 컸기 때문인데, 프랑수아 1세 역시도 카트린은 어디까지나 공작 부인일 뿐 절대 왕비는 되지 못할 것이라며 귀족들의 반발을 겨우 무마했다고 한다.

결혼 생활도 녹록지 않았다. 남편인 앙리는 스무 살이나 연상인 디안Diane de Poitiers을 오랜 기간 정부로 두고 있었기 때문이다. 디안은 앙리의 아버지인 프랑수아 1세의 애첩으로 유명한 인물이었으

「카트린 드 메디치의
초상」(16세기 중반),
제르맹 르 마니에.

니, 갓 시집 온 카트린이 적응해야 할 프랑스 왕실이 얼마나 어수선했을지 짐작할 수 있다. 아무튼 앙리는 주로 디안과 시간을 보내느라 카트린에게는 무관심했다. 어디 이뿐인가. 카트린은 남편이 마상 시합 도중 사고로 급사하자 죽을 때까지 검은 상복을 입었고, 그녀가 섭정을 하게 된 이래 네 번의 내전을 겪으면서 자녀들은 요절하거나 암살당했으며, 말년에 카트린 본인이 독살 의혹으로 악녀 혐의를 받는 등, 그녀의 일생은 외로움과 죽음으로 점철된 불행한 삶이었으리라.

그래도 명문가 출신답게 카트린은 우아한 품위의 소유자였고, 신중하면서도 밝고 활달한 성격에 상대를 칭찬할 줄 아는 아량도 갖췄다. 또 그녀는 방대한 지식과 세련된 교양을 겸비했으며, 말 한마디로도 상대의 마음을 흔드는 매력을 지녔다. 무엇보다 그녀의 존재 자체가 이탈리아의 뛰어난 문화와 세련된 예술의 집결체가 아니던가. 프랑스, 하면 많은 사람들이 연상하는 맛있는 디저트나 세계적으로 고급 요리로 명성이 높은 프랑스의 식문화는 카트린에 의해 도입되고 발전한 것이다.

그녀는 메디치 가문이 열렬히 사랑한 여러 예술가들을 프랑스로 불러들여 프랑스의 르네상스를 주도했다. 그녀를 따라 프랑스 궁정으로 온 조각가, 화가, 음악가들은 궁중의 공식 축제 행사와 무대 연출에서 마음껏 재능을 발휘하였다. 이는 카트린이 관리한 프랑스 왕실의 넉넉한 자본에 힘입어 무도회, 가면극, 마상 시합, 춤, 뮤지컬과 같은 쇼가 한데 버무려진 화려하고 성대한 형태로 제작되었으

「결혼식 무도회」(1604), 마르틴 페핀.

며, 주로 왕가의 결혼식이나 탄생식, 그리고 국가적 차원의 고관 접대나 조약 등의 행사 때 이루어져 프랑스 궁정의 위엄과 권력을 찬양하는 것이 목적이었다.

　카트린의 외로움과 향수병을 달래준 건 이렇게 번성한 프랑스 궁정의 스펙터클이었다. 특히 무용에 관심이 많았던 카트린의 취향 덕분에 춤은 마상 시합, 말들의 공연, 불꽃놀이, 시 등 여러 여흥에서 빠지지 않았다. 1580년대에 접어들면서 당시 귀족들의 연희를 다룬 회화들이 등장하는데, 특히 1604년에 그려진 마르틴 페핀의 「결혼식 무도회」를 보면 신랑 신부를 선두로 하여 흥겹게 춤추는 귀족들의 모습이 인상적이다. 그림으로 남은 무도회의 화려한 면모나 웅

장한 스케일로 보아 귀족들은 축제를 통해 일상의 활기를 찾고 국가
는 우월성을 과시했음을 알 수 있다.

　카트린이 '발레의 어머니'로 불리는 것은 최초의 발레로 기록
되는 「왕비의 코미크 발레Ballet Comique de la Reine」를 기획했기 때문이다.
이렇게 발레 역사의 시작점에 카트린이 있었다. 이 작품은 1581년 10
월 15일 루브르 궁전(공연 당시에는 궁전이었음) 근처에 있는 부르봉 왕가의 타
운 하우스였던 오텔 뒤 프티 부르봉Hôtel du Petit-Bourbon의 큰 홀인 그
랑 살레Grande Salle에서 공연되었다.:1

　이 최초의 발레는 주와이외즈Joyeuse 공작의 결혼을 축하하기
위한 행사의 일환으로 제작된 의례적 무대였다. 이 작품은 당시 궁정
에서 통용되던 공연 양식을 따르면서도 시, 음악, 디자인과 춤이 결
합된 형태였다. 하지만 수많은 궁정 행사가 존재했음에도 학자들이
유독 이 작품에 '최초의 발레'라는 이름을 붙인 이유는 무엇일까? 그
것은 바로 '일관된 스토리'를 지닌 첫 번째 무용극이라는 점 때문이
다. 이전의 궁정 축제는 줄거리 없이 연속된 장면의 나열이거나, 귀족
의 위엄 있는 자세와 대형 구성에 초점을 맞춘 퍼레이드적 성격에 가
까웠다. 그러나 「왕비의 코미크 발레」는 이야기를 몸으로 전달하려
는 최초의 시도였다. 이처럼 줄거리의 유무는 발레가 오페라나 연극

:1　안무는 1555년 프랑스 궁정으로 온 이탈리아의 음악가이자 안무가인 발타자르 드 보주아외
　　(Balthazar de Beaujoyeux)가 맡았으며, 대본은 프랑스의 시인인 니콜라스 피욜 드 라 슈네
　　(Nicolas Filleul de La Chesnaye)가, 세트와 의상은 프랑스의 화가이자 장식가인 자크 파탱
　　(Jacques Patin)이 디자인했다.

「주와이외즈 공작의 결혼식 무도회」(1581).

과 구분되는 독립 장르로 자리잡는 분기점이 되었고, 서사적 구조는 이후 발레의 본질로 자리잡게 된다. 몸으로 이야기를 말하고, 리듬 위에 의미를 얹는 예술로서 발레의 출발이 바로 이 무대에 있었던 것이다.

「왕비의 코미크 발레」 스토리는 호메로스의 『오디세이아』에 나오는 마녀 키르케Circe 이야기로, 그녀에게 맞서는 신들의 싸움을 바탕으로 한다. 여기서 키르케는 프랑스 국민의 분열을 초래한 종교 전쟁을, 신들은 프랑스의 왕들을 상징했다. 그리고 화합과 평화로 마무리되는 스토리로 국가의 미래에 대한 희망을 암시했다. 신화 속 싸움과 화합의 구조는 종교 내전으로 분열된 프랑스를 통합하려는 메시지를 담았고, 왕권의 신성함을 은유적으로 부각시키는 장치이

최초의 발레로 일컬어지는
「왕비의 코미크 발레」(1581)
공연 장면.

기도 했다. 이 공연의 상연 대본(리플릿)은 1582년에 출간된 후 유럽 전역의 궁정에서 읽힘으로써 궁정 발레 발전에 큰 영향을 미쳤다.

또 한 가지 주목할 점은 작품의 성대한 스케일이다. 축제 둘째 날에 열린 이 공연은 저녁 10시부터 새벽 4시까지 이어졌다. 궁정 무용수들은 물론, 귀족들이 직접 공연에 출연했으니 출연진들의 계급은 말할 것도 없었고, 공연 비용에는 500만 달러라는 거액이 투자되었고, 관객 수는 9,000~1만 명으로 추정된다. 특히 신화를 줄거리로 했기 때문에 세트와 각종 무대 효과가 엄청났는데, 이를테면 요

「왕비의 코미크 발레」에 사용된 분수.

동치는 바다, 하강하는 신, 구름 속에서 울려 퍼지는 천둥소리, 끔찍한 지옥불과 같은 장면을 연출하기 위해 수많은 인력이 필요했을 것이다. 심지어 값비싼 보석으로 장식된 3단 높이의 분수대에서는 향수가 뿜어져 나왔다고 전해질만큼 호화로웠는데, 그중에서도 작품에 등장한 세 명의 세이렌Serene에 대한 묘사가 흥미롭다.

> "꼬리는 팔 위로 치켜 올라가 있고 윤이 나는 금과 은의 비늘로 만들어졌으며, 늘어진 꼬리, 지느러미는 갈색과 금색입니다. 그들의 몸과 머리카락은 금실로 얽혀 허리띠에 늘어져 있었고, 모두 손에 금거울을 차고 있었습니다."[01]

「왕비의 코미크 발레」에 등장하는 세이렌.

    당시 공연에 대한 기록 중 "술을 마시지 않고도 취해버렸다."[02]는 말마따나 대규모 발레는 한 국가의 영광에 대한 방증이었다. 카트린에 의해 발전된 프랑스 궁정의 대규모 발레와 축제 문화는 동시대에 제작된 발루아 태피스트리Valois Tapestry를 통해서도 만나볼 수 있다. 태피스트리를 주문한 사람은 카트린으로 알려져 있다. 총 여덟 점의 연작 중 튈르리 축제 현장을 정교하게 재현한 「튈르리 축제」를 보면 오른쪽에 위치한 연주자들의 흥겨운 음악에 맞춰 춤을 추는 귀족들의 활기찬 모습이 화면을 가득 채운다. 등장인물의 묘사만 보더라도 공연이 얼마나 정교하고 화려하게 꾸며졌을지 상상해볼 수 있을 것이다.

    하지만 한가운데 보이는 카트린의 모습은 일사불란하게 움직이는 여타 귀족들과 다른 분위기이다. 왕실의 스펙터클로도 다 채우지 못한 그녀의 공허함이 느껴지는 건 그녀가 입은 검은 상복 탓일까? 우두커니 앉아 있는 카트린의 모습에 가슴 한편이 저려온다. 이

발루아 태피스트리 연작 중 「튈르리 축제」(1589).

「튈르리의 분수」(c. 1890-1913), 가스통 라 투슈.

가스통 라 투슈는 벨 에포크 시대를 대표하는 프랑스 화가로,

환상과 우아함이 어우러진 세계를 섬세한 색채와 유려한 붓질로 그려낸 인물이다.

이 작품은 파리 중심부에 자리한 튈르리 정원을 배경으로 한다.

튈르리 정원은 16세기에 카트린 드 메디치가 루브르 궁전 옆에 조성한 왕실 정원으로,

그녀의 이탈리아 르네상스적 미감과 궁정 문화에 대한 이상을 담고 있다.

카트린 드 메디치는 발레를 통해 왕실의 질서와 미의 이상을 구현하고자 했던 만큼,

이 그림 또한 그녀의 취향에서 비롯된 조형적 질서와 장식미를 보여준다.

렇게 왕실의 호화로운 여흥 문화로부터 프랑스 궁정 발레가 탄생했다는 사실은 한 여인의 고독에 대한 반증이기도 하다. 그래서 나는 이 춤이 어쩌면 그녀가 끝내 하지 못한 또 다른 이야기가 아닐까 그 행간을 더듬어본다.

'작은 춤' 발레토, 궁으로 가다

카트린 드 메디치에 의해 이탈리아의 세련된 문화 예술이 프랑스로 건너가 최초의 발레와 궁정 발레를 융성케 했다는 내용을 읽다보면, 발레의 모태가 된 이탈리아의 춤 문화는 과연 어떤 모습이었을지 궁금해진다.

발레ballet라는 이름은 라틴어 ballare, 곧 '춤추다'라는 동사에서 시작된다. 이 말이 이탈리아로 건너가면서 ballo(춤)라는 단어와 함께 '발레토balletto'라는 새로운 형태를 낳았는데, 여기에는 '작은 것'을 뜻하는 접미사 —etto가 붙어 있다. 그러므로 발레토는 '작은 춤'을 의미했다. 이는 원래 축제나 연극 사이에 곁들여지던 여흥의 일부에 지나지 않았다는 뜻이다. 그러나 카트린 드 메디치의 손을 거치면서 이 '작은 춤'은 궁정의 중심으로 올라섰고, 루이 13세와 루이 14세로 이어지면서 말보다 강한 몸의 언어로 왕권을 과시하는 수단이 되었다.

15세기 이탈리아의 무용은 크게 두 종류로 나뉜다. 누구나 자유롭게 출 수 있는 민간의 컨트리 댄스와 귀족들의 전유물이었던 궁정 춤이 그것이다. 후자의 경우 정해진 형식과 매너, 정교한 동작을 익히기 위한 훈련이 필요했으며 무엇보다도 신분에 걸맞은 품위를 표현하는 수단으로 여겨졌다. 다행히도 이 궁정 춤 문화는 당시

「르노와 클라리스의 결혼」(15세기), 루아제 리에데.
『몽토방의 르노』에 등장하는 삽화로, 궁정에서 추던 행렬 춤인 바스
댄스를 추는 장면이다.

무용 전문가들에 의해 기록으로 잘 보존되었고, 인쇄술의 발달과 함께 춤의 지침서

로 남게 된다.

　지침서에 소개된 궁정 무용은 느리고 위엄 있는 행렬 춤인 바스 댄스bassa dance,

파반pavane, 알레망드alleande에서부터, 보다 경쾌하고 역동적인 춤인 갈야드galliard,

쿠랑트courante, 카나리오canario에 이르기까지 매우 다양하다. 바스 댄스 이미지는

당시 연대기나 로맨스 소설에 가끔 등장하는데, 12세기 가상의 기사에 관한 이야기

인 『몽토방의 르노Renaud de Montauban』에서도 르노와 클라리스의 결혼 장면에서 바

「루이 13세 왕의 궁정에서의 춤」(1901), 모리스 를루아르.

루이 13세 부부가 왕실 캐노피 아래 의자에 앉아 있고, 왕의 오른쪽에 리슐리외 추기경이 서 있다.

스 댄스를 춘다.

이러한 궁정 춤의 면모는 시청각 자료를 통해서도 확인할 수 있다. 프랑코 제피렐리 감독의 영화 「로미오와 줄리엣」(1968)이 대표적인 예다. 영화배우 올리비아 핫세의 아름다움으로 잘 알려진 이 고전 영화는, 특히 로미오와 줄리엣이 처음 마주하는 캐퓰릿 가의 무도회 장면에서 당시 귀족들의 춤 문화를 생생하게 보여준다. 여성 집단과 남성 집단이 대칭적으로 배열되다가, 어느 순간 남녀가 짝을 이루며 회전하는 장면은 시각적으로도 흥미롭다. 특히 진행자가 "모레스카Morescal"를 외치며 모두가 종이 달린 팔찌를 찬 채 원형을 이루고 춤추는 장면은 이 무도회가 단순한 유희를 넘어, 정형화된 사회적 의례로 작동했음을 시사한다.

당시 귀족들에게 춤은 단지 즐기는 행위가 아니었다. 그것은 신분과 교양 수준을 드러내며, 누군가의 시선을 사로잡기 위한 섬세한 전략이자 궁정이라는 무대 위에서 요구된 일종의 에티켓이었다.

2장

'태양왕'의
우아하고 잔혹한 복수극

절대권력 강화에 발레를 이용한 '최초의 발레 스타' 루이 14세

여기 '태양왕'이라 알려진 프랑스 왕 루이 14세(재위 1638~1715)의 초상화가 있다. 머리끝부터 발끝까지 금빛으로 휘황찬란한 의상은 태양처럼 빛나고, 후광처럼 두드러지는 커다란 티아라는 떠오르는 태양을 나타낸다. 가슴과 의상 곳곳에 태양을 상징하는 장식도 보인다. 반짝이는 보석과 금 자수로 뒤덮인 화려한 의상은 태양 모티브를 반사하며 장엄한 우아함을 발산한다. 태양은 빛과 평화와 예술을 관장하는 신인 아폴론을 상징한다. 루이 14세는 아폴론의 아름다운 용모로 직접 발레를 했다.

오른쪽 그림 속 포즈를 살펴보자. 몸 전체는 살짝 대각선 방향으로 틀어져 있지만 시선은 정면을 고정한 채 한쪽 발을 사선 앞으로 뻗어 닫힌 형태이다. 열린 두 팔은 아래로 내려 균형을 잡으며

손목에 약간의 힘을 주어 손끝을 살린다. 항성계의 중심으로서 당당하고 위엄이 느껴지는 동시에 참으로 절제된 포즈가 아닐 수 없다. 이 포즈는 시각적으로 우아할 뿐만 아니라, 왕의 통치력과 신적 균형감을 드러내는 장치이기도 했다.

　　루이 14세가 아폴론으로 출연한 발레 작품은 「밤의 발레Ballet Royal de la Nuit」이다. 어려서부터 발레를 좋아한 왕은 이탈리아 출신인 쥘 마자랭Jules Mazarin 추기경으로부터 발레에 참여하도록 강력한 지원과 격려를 받았다. 특히 루이 14세는 춤에 대해 매우 엄격했던 것으로 알려졌는데, 실제로 매일 오전 승마 강습이 끝난 뒤 발레 수업을 받으며 다양한 스텝의 정확성에 심혈을 기울였다. 수치적으로 보면 하루에 매일 2시간씩 27년간 발레를 연습했다고 하니, 굉장히 부지런하고 발레에 대한 남다른 사랑을 보여준 왕이다.

그는 1651년 13살의 나이에 발레 무대에 데뷔한 후 2년 뒤에 「밤의 발레」로 강한 인상을 남겼다. 그 결과 오늘날 발레의 역사는 루이 14세를 최초의 발레 스타라고 기록한다.[03] 이는 전문 무용수가 아닌 국왕이 직접 무대에 올라 대중적 스타성과 예술적 권위를 동시에 획득한 첫 사례이다.

1653년 2월 23일 파리에서 초연된 「밤의 발레」의 영향력은 어마어마했다. 이 작품은 해가 지는 저녁부터 다음날 동이 트는 순간까지 시간의 흐름을 보여주는 공연으로, 아이작 드 벤세라데Issac de Benserade가 대본을 썼다. 루이 14세는 아폴론을 포함해 총 5가지 역할을 맡았다고 하는데, 그가 새벽의 태양처럼 떠오르면서 밤의 어둠이 주는 공포를 무찌르는 장면이 연출되었다. 재밌는 건 전체 공연이 저녁 6시(일몰)에 시작하여 아침 6시(일출)까지 지속되면서 실제로 날이 밝아오는 효과를 주었던 것. 화려한 황금 의상의 효과 역시 강렬했다. 오죽하면 이를 계기로 루이 14세가 '태양왕'이라는 별명을 얻게 되었을까. 그것도 춤추는 태양왕!

그렇지만 중요한 건 따로 있다. 루이 14세는 국왕의 권력이 신으로부터 받은 것이라는 왕권신수설을 지지했는데, 그에 따라 자신이 가장 능숙한 발레를 통해 신인 아폴론과 자신을 동일시한 것이다. 근엄한 포즈와 우아한 포르 드 브라port de bras, 꾸준한 연습을 통해 단련된 복잡하면서도 절제된 스텝들의 수행까지. 루이 14세의 절대권력은 이렇게 발레로 시작되었다. 게다가 태양은 항성계의 중심에 존재하며 모든 에너지의 근원 아닌가. 루이 14세는 통치 초기부터 절대왕권을 보장받기 위해 태양을 왕실의 상징으로 삼았다. 이렇게 지상의 살아 있는 신이 되고자 한 프랑스의 왕은 무려 10대 때 발레를 통해 정치적 포부를 밝힌다. 「밤의 발레」의 초연이 이루어진 다음 해, 그의 영광스러운 대관식이 거행된다.

발레는 당시 유럽 궁정에서 권력 과시와 문화 선도의 수단으로 활용되었고, 루이 14세는 이를 가장 치밀하게 연출한 군주였다. 즉 발레를 정치적 도구로 사용한 것인데, 결과는 대성공이었다. 유럽사, 아니 세계사에서 그의 명성은 오늘날까지 자자하니까 말이다. 루이 14세는 프랑스를 72년간 다스린 군주로서, 유럽 전체를 통틀어 가장 장기간 군림한 왕이다. 평균 수명이 30세가 채 되지 않았던 시대였던지라 그의 재위 기간은 놀랍기만 하다. 또 루이 14세하면 "짐이 곧 국가다."라는 말을 떠올릴 정도로 절대왕권의 상징이기도 하다. 이 말을 루이 14세가 직접 했는지는 역사학자마다 의견이 분분하지만, 실상은 이보다 더했다.

루이 14세의 치세를 단적으로 나타내는 것으로는 베르사유 궁전만한 것이 없을 것이다. 베르사유 궁전의 전체 부지 면적은 여의도의 3배쯤 되는 800만 제곱미터(궁전 건물의 총 면적은 6만 3,154제곱미터) 정도다. 온통 대리석으로 지어진 궁전에는 그리스 신화의 주인공들이 가득하고, 궁전보다 더 유명한 정원의 중앙에는 아폴론 신의 어머니 라토

17세기의 베르사유 궁전(c. 1668), 피에르 파텔.

나의 분수와 아폴론의 분수가 위치한다. 이 밖에도 700여 개의 수
전과 200여 개의 분수, 그리고 대운하가 끝없이 펼쳐진다. 베르사유
궁전에서 호화로움의 절정은 '거울의 방'이다. 외국 대사들의 접견실
로 사용되었던 거울의 방은 이름처럼 거울로 가득한 방인데, 당시 거
울은 값비싼 사치품이었을 뿐만 아니라 베네치아가 제조법을 독점하
고 있었다. 루이 14세는 베네치아에서 비밀리에 데려온 2명의 거울
장인으로부터 거울 제조 기술을 획득하여 왕립 거울 유리 공장을
설립했고 이것은 거울의 방 제작에 결정적인 역할을 했다. 357개의

거울로 방을 빼곡하게 치장한 거울의 방을 방문한 대사들이 얼마나 놀랐을지 상상해보라.

그러나 베르사유 궁전의 중요성은 성대한 규모와 화려함만이 아니었다. 루이 14세는 교회와 귀족에 대한 왕권의 영향력과 권위를 성공적으로 확대하여 프랑스의 절대군주제를 강화했는데, 바로 베르사유라는 물리적 장소가 통제 시스템 역할을 했다. 말 그대로 권력의 중앙집중화였다. 왕은 베르사유 궁정에 귀족들을 배치했다. 실제로 베르사유에 거처를 마련해 살도록 장려한 것이다. 시시때때로 그들을 감시할 수 있기에 귀족에 대한 통제력을 강화할 수 있었고, 귀족들이 자신의 영지에서 시간을 보내는 것을 방해해 민간 군대의 융성을 금지시킬 수 있는 좋은 방법이었다.

그렇다면 귀족들이 순순히 베르사유에 눌러앉아 살게 된 이유는 무엇일까? 제아무리 왕의 명령이라 해도 말이다. 답은 사치스러운 궁정 문화에 있다. 역사가 필립 만셀Philip Mansel에 따르면, 루이 14세는 베르사유를 최고의 오락 중심지로 만들었다. 스펙터클한 연극, 오페라, 음악 등의 공연물은 귀족들의 눈과 귀를 즐겁게 했고, 사냥과 같은 각종 이벤트는 궁전을 한순간에 놀이동산으로 만들었다. 게다가 귀족의 결혼과 취업 알선까지 결합하여 거부할 수 없는 매력적인 사교장의 기능까지 갖추었다.[04]

이렇게 루이 14세는 귀족들을 매혹시킨 데서 나아가, 점차 궁정 안에서의 규율과 서열로 그들을 통제해갔다. 왕은 귀족들의 작위와 계급을 철저히 서열화하여 이에 맞는 생활 방식을 구분하고 특권을 부여했다. 이렇게 되니 귀족들은 자연스레 왕의 관심을 받기 위해 안간힘을 썼을 터다. 차별로 경쟁심리를 불러일으켰다니, 루이 14세의 영민함을 느낄 수 있는 대목이다.

다시 발레 이야기로 돌아오자. 결국 루이 14세의 절대권력은 자신을 신격화한 발레로부터 시작하여 베르사유라는 압도적인 궁정 문화로 완성된 것이라 정리할 수 있겠다. 그러니 발레는 절대왕권이라는 큰 그림을 위한 밑그림이었다. 하지만 루이 14세의 「밤의 발레」에는 나름의 애달픈 사연이 있었다. 바로 오랜 기간 트라우마에 시달린 어린 왕의 복수심에서 출발했다는 것이다. 잠시 루이 14세의 어린 시절로 거슬러 올라가보자.

루이 14세는 출생부터 가십의 대상이었다. 그는 아버지인 루이 13세가 에스파냐 공주인 안 도트리슈Anne d'Autriche와 정략결혼을 한지 무려 23년 만에 태어났는데, 이를 둘러싸고 당시 궁정인들은 갖가지 소문을 만들어냈다. 루이 13세는 첩도 두지 않았을 만큼 여성에게 관심이 적어 '순결한 왕'이라는 별명까지 있었는데, 이 때문에 그가 루이 14세의 친부가 아니라는 의혹이 제기된 것이다. 임신 이전에 왕과 왕비의 동침은 단 두 번밖에 이루어지지 않았기 때문에 이런 의심은 끊이지 않고 이어졌다. 동시에 마자랭 추기경, 영국 출신 버킹엄 공작, 왕실 고문관인 아르망 리슐리외 등 여러 인물들이 친부라는 괴소문이 퍼졌다.

그러던 중 루이 14세는 5살이 되던 해에 부친의 죽음으로 느닷없이 왕위를 계승하게 되었다. 그리고 마자랭 추기경이 어린 왕을

「어린 루이 14세의 초상화」(17세기), 앙리 트 스틀램.

대신해 섭정을 실시한다. 갑작스런 아버지의 죽음, 어쩌면 친부일지도 모를 마자랭의 섭정. 왕위에 오른 어린 루이 14세에게 자신을 둘러싼 의혹들은 진위 여부를 떠나 위협 그 자체였다. '어리다'는 것이 면죄부가 되지 않음을, 루이 14세는 신하들의 의심 섞인 시선 속에서 일찍부터 배웠을 것이다.

루이 14세의 불길한 예감은 적중했다. 그로부터 5년 뒤, 프랑스를 뒤흔든 프롱드의 난(1648~1653)이 일어났다. 프랑스의 귀족들이 부르봉 왕가에 반발하여 내란을 일으킨 것이었다. 프랑스어로 프롱드Fronde는 새총이란 뜻인데, 시민들이 섭정 중인 마자랭의 집에 새총을 쏜 데에서 붙여진 이름이다.

내란은 무려 5년이나 지속되었다. 부르봉 왕가는 큰 위기를 맞았고, 어린 루이 14세에게 씻을 수 없는 상처와 치욕스러운 기억

「'밤의 발레'에 출연한 루이 14세」(1931), 모리스 를루아르.

을 남겼다. 그것은 두 가지 사건으로 기록되는데, 하나는 1649년 1월 겨울 어느 날 신변의 위협을 느낀 루이 14세가 파리를 탈출해 일 드프랑스로 야반도주하여 열악한 장소에서 매일 밤 추위에 떨어야만 했던 사건이었다. 다른 하나는 2년 뒤, 사태가 더욱 심각해진 프롱드의 난 후반에 발생한 사건이었다. 이번에는 미처 파리를 탈출하지 못한 루이 14세의 거처로 성난 시민들이 쳐들어왔다. 미성년이었던 루이 14세는 옷을 입은 채 침대에 누워 자는 척을 해야 했다. 그 순간 두려움에 숨죽이면서도 얼마나 굴욕적이었을지, 이날의 기억은 루이 14세의 삶을 송두리째 흔들어놓는 트라우마가 되었다.

프롱드의 난은 루이 14세에게 무엇을 남겼을까? 역사가들은 이후에 루이 14세가 펼친 귀족 탄압 정책으로 미루어볼 때 귀족들에 대한 분노, 또 그들이 언제 자신에게 등을 돌릴지 모른다는 불안감이라 분석한다. 여기서 나는 분노와 불안감이 귀족들에 대한 복수심으로 자라났고, 이것이 「밤의 발레」에 반영되었음을 강조하고 싶다. 프롱드의 난을 진압하고 루이 14세가 파리에 입성한 것은 1652년, 그리고 그다음 해이자 대관식을 거행하기 일 년 전인 1653년에 「밤의 발레」가 공연되었다. 그는 누구보다 강력한 힘을 갖겠다는 결심과 모든 사람 위에 군림하리라는 포부를 태양왕의 모습으로 선포했다. 즉 발레를 활용해 프롱드파에 대한 자신의 승리를 시각적으로 전달하고자 한 것이다.

일종의 홍보캠페인 같은 이 발레가 얼마나 치밀하게 기획되었는지는 몇 가지 장면을 통해 알 수 있다. 이 작품은 우화적이고 신화

「무대 위 발레리나」(c.1890-1913), 가스통 라 투슈.
금빛을 입은 왕이 무대의 중심에 서던 시절의 춤은 곧 통치의 은유였다.
그러나 시대가 흐르며 귀족의 전유물이던 발레는 극장으로,
대중의 시선 아래로 이동했다. 최초의 발레 스타였던 루이 14세가
남성이었다는 사실을 떠올려보면, 그림 속 무대 위를 가득 채운 발레리나의
모습은 아리송하다. 남성의 통치에서 여성의 신체로 중심축을 옮긴
전복의 역사는 발레가 품고 있는 수많은 서사들 중 하나일 뿐이다.

적인 요소들이 일련의 섹션으로 구성된 형태였다. 그중 아폴론이 거대한 뱀인 파이톤python을 처단하는 그리스 신화 속 장면이 그대로 재현되었는데, 여기서 파이톤은 프롱드파를 의미한다. 또 다른 섹션에서 몇몇 인물들이 태양 주위의 궤도에서 회전하는 행성처럼 아폴론의 주변을 맴돌다 아폴론의 단호한 손짓 한 번에 무릎을 꿇고 머리를 조아리는 장면이 연출된다. 이는 승리한 군주에 대한 귀족들의 복종을 은유적으로 표현한 것이다.

어디 이뿐일까. 「밤의 발레」는 연출적 측면에서도 대단한 볼거리를 제공했다. 이탈리아 출신 건축가이자 무대 디자이너인 토렐리 Giacomo Torelli의 공이 컸다. 토렐리는 무대 연출법에 막대한 영향을 미친 인물로, 「밤의 발레」에서도 그가 고안한 정교한 특수효과와 기계가 사용되었다. 대표적인 예가 엘리베이터처럼 상승하는 무대장치다. 이는 관객들에게 강렬한 인상을 남겼으며, 이후 유럽 무대예술의 시각적 연출에 결정적 영향을 주었다. 이를 통해 무대 아래에서 위로 서서히 모습을 드러내는 아폴론은 그 자체로 떠오르는 태양이 되었다. 수많은 촛불들 사이에서 빛나는 아폴론은 마지막 장면에서 폭발적으로 떠오르며 새벽의 별들과 이슬들, 그리고 밤의 12시간을 마차에 싣고 퇴장하며 이렇게 외친다.

"나를 따르는 태양은 젊은 루이다!"[05]

「밤의 발레」의 통일된 메시지는 아버지인 루이 13세의 죽음이 프랑스에 내린 밤과 같은 어둠이라는 것이며, 루이 14세가 어둠을 밝히는 신성한 태양으로서 재앙을 물리치고 영광스러운 미래를 약속한다는 것이다. 「밤의 발레」는 그 후로도 여섯 번이나 더 공연되었다. 열성 관객 중에는 마자랭 추기경과 어머니 안 도트리슈도 있었다. 이들은 눈부시게 빛나는 태양으로부터 진정한 의미의 통치자가 지녀야 할 막강한 힘을 보았을 것이다. 이렇듯 태양왕으로 제2의 삶을 시작한 루이 14세. 자신의 신격화를 위해 철저하게 연출한 치밀한 복수극은 전례 없는 대성공을 거두었다.

왕의 춤, 왕의 후원

루이 14세는 발레를 사랑한 왕으로 잘 알려져 있다. 그는 직접 발레를 추는 걸 좋아했을 뿐 아니라 궁정 발레의 팬이자 가장 큰 후원자이기도 했다. 1661년 왕은 훗날 최초의 발레 교육 기관인 왕립 무용 아카데미를 설립하여 발레 발전에 크게 이바지했다. 궁정 오락을 위한 무용 교육의 질을 향상시키기 위한 노력의 일환이었다. 이후 루이 14세가 1669년에 설립한 왕립 음악 아카데미와 함께 무용학교가 오늘날 파리 오페라로 발전했다. 무용학교로 인해 발레는 점차 전문화되었다. 발레가 전문 교육을 받은 무용수들에 의해 공연되면서 비로소 궁정 발레 스타일에서 벗어나게 되었다. 루이 14세가 마지막으로 춤을 춘 것은 1670년 몰리에르의 희극 발레인 「멋진 연인들Les Amants magnifiques」이라고 기록되어 있다.

루이 14세 곁에는 훌륭한 조력자들이 있었다. 「밤의 발레」와 더불어 17세기 프랑스 궁정에서 꽃을 피운 발레는 루이 14세를 중심으로 하여 왕의 총애를 받은 몇몇 중요한 예술가들의 협업과 지원 속에서 번성하기 시작했다. 대표적으로 음악에는 장 바티스트 륄리Jean Baptiste Lully, 대본에는 몰리에르Molière, 춤에는 피에르 보샹Pierre Beauchamps이 있었다. 작곡가인 륄리는 프랑스 궁정의 모든 음악 활동을 책임진 인물로 특히 위엄 있는 춤에 활기를 불어넣었다. 당시 유명한 희극 극작가였던 몰리에

「루이 14세의 초상」(1701), 이아생트 리고.

르는 작품의 연출을 도맡으면서 종합예술로서 발레의 완성도를 높였다. 왕의 발레 개인교사이기도 했던 보샹은 왕립 무용학교의 최고 발레 마스터를 역임하면서 발레 동작의 기본이 되는 5가지 발 포지션을 제시한 인물이다.

보샹의 5가지 발 포지션을 볼 수 있는 유명한 그림이 있다. 절대왕정의 대명사답게 유화와 판화로 제작된 루이 14세의 초상화는 무려 1,000점이 넘는데, 그중 루이 14세의 궁정화가였던 이아생트 리고Hyacinthe Rigaud가 그린 초상화가 가장 유명하다. 부풀린 가발과 담비털로 만든 화려한 망토, 부르봉 왕조를 상징하는 황금색 백합 무늬, 하얀 실크 타이츠와 하이힐은 루이 14세의 권위를 그대로 반영한다. 이 패션 아이템들은 루이 14세의 당당한 자세와 균형을 이루는데, 특히 루이 14세가 취하고 있는 다리 자세는 보샹이 만든 발레의 5가지 발 포지션 중 4번 포지션에 해당한다. 륄리, 몰리에르, 보샹이라는 세 거인의 협력은 당시 프랑스의 발레가 얼마나 조직적이었는지를 실감케 한다.

루이 14세의 「밤의 발레」를 보고 싶다면, 영화 「왕의 춤Le Roi Danse」(2000)을 추천한다. 제라르 코르비오 감독의 이 영화는 륄리와 루이 14세의 관계 발전에 초점을 맞추고 있으며, 내용상 1653년 루이 14세가 「밤의 발레」를 위해 특별히 디자인된 신발을 선물받는 것으로 시작한다. 코르비오 감독은 「파리넬리」(1994)로 오스카상 후보에 올랐던 만큼 「왕의 춤」에서도 철저한 고증을 거쳐 루이 14세의 프랑스, 그리고 17세기 프랑스의 궁정 발레를 완벽에 가까울 정도로 스크린에 옮겨놓았다.

3장

그리고,
발레리나는 요정이 되었다

발레리나 마리 탈리오니와 낭만 발레 「라 실피드」

　　이 여인, 어여쁜 얼굴엔 수줍은 미소가 번져 있고, 가녀린 팔과 다리를 살포시 포갠 모습은 상냥하게 말을 거는 것 같다. 정면을 피한 그녀의 시선 처리는 자신을 바라보는 이들의 관심을 즐기는 것 같고, 거기에 뺨을 약간 내밀어 애교스럽기까지 하다. 잘록한 허리 밑으로 풍성하게 부풀린 하얀 치마는 스쳐 지나가는 바람을 절대 무시하는 법이 없다. 더 밑에 자그마한 발을 보자. 땅에서 떨어질락 말락 한 발끝은 금방이라도 날아갈 듯 가벼워 보인다. 허공을 훨훨 날아다니다가 살포시 땅에 내려앉은 민들레 홀씨 같은 느낌이랄까.

　　오른쪽 그림 속 여인의 이름은 마리 탈리오니(Marie Taglioni, 1804-1884), 19세기 초두를 장식한 이탈리아 출신 발레리나다. 1830년대부터 그녀의 명성은 전 유럽에 퍼졌고 초상화로 유명한 화가이자 영

「라 실피드」에서의 마리 탈리오니(1845), 알프레드 에드워드 찰론.

국 빅토리아 여왕의 주목을 받은 알프레드 에드워드 찰론Alfred Edward Chalon은 발레 역사에서 끊임없이 회자될 「라 실피드」에서의 마리 탈리오니 그림을 남겼다. 사람들은 찰론이 그린 탈리오니의 초상화를 보며 그녀가 얼마나 사랑스러웠는지, 또 얼마나 가벼웠는지 끊임없이 이야기했다. 거의 두 세기 동안, 탈리오니는 발레 역사상 위대한 무용수 중 한 명으로 언급되고 있는 중이다.

　　이 그림이 특별한 이유는 단지 아름다워서일까? 마리 탈리오니의 초상은 그녀 개인의 초월적 존재감을 보여주는 동시에, 낭만주의 정신이 추구하던 이상적 이미지의 집약체이다. 간접적인 시선, 하늘하늘한 드레스, 지면을 스치듯 떠 있는 발끝까지, 모든 요소는 현실을 거부하고 환상과 감성에 기댄 또 다른 차원을 열어 보인다. 낭만주의는 인간 내면의 감정과 상상을 예술의 중심에 놓고자 했고, 탈리오니는 무대에서 그것을 실현했다. 그녀는 지상에 있지만 지상에 속하지 않은, 이성과 논리를 초월한 존재다. 이 한 장의 그림으로 우리는 낭만주의가 발레에 요구한 신체와 정서를 직감할 수 있다.

배우는 작품과 캐릭터를 잘 만나야 한다고 하지 않던가. 탈리오니의 경우가 이에 딱 들어맞는다. 그녀의 대표작은 1832년 파리에서 초연한 「라 실피드La Sylphide」로, 그녀의 아버지인 필리포 탈리오니Filippo Taglioni가 안무했다. 탈리오니가 맡은 역할은 여주인공인 '요정', 그것도 '공기의 정령'이었다. 실피드라는 이름을 가진 요정은 탈리오니를 일약 스타덤에 오르게 한 캐릭터였다. 요정이라니, 이제 그림 속 탈리오니 날갯죽지에 달린 자그마한 날개가 보이는가. 발레리나가 청순가련하고 순진무구함의 표상이 된 건 탈리오니로부터 시작한 것이라 주장해볼 만하다.

「라 실피드」의 간략한 줄거리는 이렇다. 배경은 스코틀랜드. 어느 날 제임스James라는 청년 앞에 실피드가 나타난다. 실피드는 그를 유혹하고 그에게 사랑을 고백한다. 뿌리칠 수 없을 만큼 황홀한 실피드의 자태. 그것은 제임스가 자신의 예비 신부인 에피Effie를 잊어버릴 정도로 치명적이었다. 제임스는 요정을 잡을 수 있는 스카프를 가지고 실피드가 있는 숲속으로 온다. 하지만 그 스카프에는 요정을 죽음에 이르게 하는 마녀의 마법이 걸려 있었다. 실피드를 소유하고 싶은 제임스의 욕망은 끝내 그녀가 날개를 하나씩 떨어뜨

「발레 '라 실피드'에서의 마리 탈리오니와 그녀의 남동생 폴」(1834), 프랑수아 가브리엘 기욤 레폴레.

요정 실피드가 잠든 제임스의 발치에 기대어 있는 모습은 「라 실피드」의 첫 포즈로, 작품을 대표하는 이미지다. 그림은 1834년 공연 때 그려진 마리 탈리오니와 그녀의 남동생 폴의 모습이다.

리며 힘없이 죽어가는 모습으로 귀결된다. 에피는 자기를 짝사랑하던 건Gurn과 결혼식을 올리지만, 제임스는 하늘로 승천한 실피드를 그리워하며 망연자실할 뿐이다.

결혼을 코앞에 두고 벌인 파혼극 정도인 이 플롯에 대해 어떤 생각이 드는가? 제임스는 요정에 눈이 먼, 아둔하기 짝이 없는 캐릭터다. 애초에 결혼할 여자를 두고 한눈을 판 제임스는 비난받아 마땅하다. 그러나 이 발레가 진정으로 말하고자 하는 바는 제임스의 도덕성에 대한 판단이 아니다. 오히려 그의 무모한 열정, 감정에의 몰입, 현실을 탈출하려는 내면의 열망은 당대 낭만주의적 인간의 전형을 보여준다. 그러므로 이 작품은 제임스를 비난하기보다 이해하려는 시선으로 바라볼 때 비로소 해석의 장으로 들어설 수 있다. 오직 그의 눈에만 보이는 요정의 영묘함을 상상해보자. 그리고 신비로운 존재에게 마음을 빼앗긴 제임스에게 감정을 이입해보자. 발레 작품 속에서 그는 온몸으로 춤추며 이렇게 속삭일 것이다.

'어렴풋하고 모든 것이 불명확한 몽환적인 분위기 속에서 눈앞에 나타난 한 여인. 이것은 한 마리 새인가? 아니면 영혼인가? 가질 듯 가질 수 없는 그 여인은 나를 향해 손짓하고 부드러운 미소를 보낸다. 나를 향한 그녀의 눈길과 자태는 솜사탕같이 달콤하고 아지랑이같이 피어오르다 이내 사라지는 황홀경 그 자체다. 그녀가 나의 마음을 갈구하는 순간, 내가 가진 모든 것을 그녀에게 바칠 수 있을 것 같다. 그것이 나의 목숨일지라도. 그녀의 노예가 된

내가 바보같이 보이는가? 진정한 사랑을 만나고 위대한 사랑에 흠 뻑 취한 나에게 보내는 질투겠지. 나는 오로지 그녀를 조금 더 오 래 보고 싶고, 조금 더 가까이 있고 싶고, 영원히 함께하고 싶을 뿐 이다. 그렇게 이성과 현실 따위는 모두 잊고 그녀를 향한 섬세하고 유연한 감성만을 좇을 뿐이다. 죽음은 단순히 소멸이 아니다. 나 는 영원의 깊은 골짜기에서 이룰 수 없는 사랑을 끝없이 노래하고 고뇌할 것이다.'

실피드를 향한 그의 사랑은 어쩌면 죽음을 통해서만 완성될 수 있었는지도 모른다. 이처럼 「라 실피드」는 한 남자의 파멸이 아닌 낭만주의 시대의 사랑에 대한 갈망을 극적으로 드러낸다.

당시 유럽 전역에서 대대적으로 유행하던 낭만주의 사조는 계몽주의가 쌓아올린 이성과 합리성 일체에 사람들이 불신감을 갖 게 되면서 부각되었다. 즉 계몽주의가 17세기 프랑스에서 확립한 고 전주의를 계승하는 귀족 문화라면, 낭만주의는 이성보다 인간의 내 면에 진실이 있다고 주장한다. 낭만주의 초기는 1789년 프랑스 대혁 명에 이어 1815년까지 나폴레옹 전쟁이 이어지는 시기였다. 그리고 프랑스 왕정이 복고되었다가 공화국이 다시 등장하던 1830~1840년 대에 절정을 이룬다.

혁명과 전쟁이라는 대혼란의 도가니에서 사람들은 인간이 얼 마나 나약한 존재인지를 뼈저리게 느꼈고, 절대왕정을 중심으로 작 동하던 기존의 모든 질서가 무너져내리는 것을 눈앞에서 똑똑히 지

커보았다. 낭만주의는 이러한 정신의 폐허 한복판에서 새로운 문화를 꽃피우기 위해 등장한 것이었다.

낭만주의는 하나의 지적 운동으로 시작되었지만 예술에도 많은 영향을 주었다. 문학의 경우 독일, 프랑스, 영국을 중심으로 유럽 여러 나라에 걸쳐 전개되었다. 낭만주의는 인간의 자유로운 상상과 정서를 강조하여 감성의 해방, 무한에 대한 동경과 불안, 자아나 내부에로의 침잠이라는 특징을 가진다. 독일의 철학자 아르투어 쇼펜하우어Arthur Schopenhauer는 예술이 이성적이고 의식적, 논증적 접근에 의해서 파악될 수 없는 무한과 영원의 것을 우리에게 드러낸다고 말했다. 이 어려운 설명 대신 낭만주의를 대표하는 시 하나를 음미해보자. 프랑스 낭만파 시인 알퐁스 드 라마르틴Alphonse de Lamartine이 쓴 「호수Le Lac」(1820)의 일부분이다.

기억하느냐? 어느 날 저녁, 우리는 평온하게 노를 젓고 있었지.
멀리 파도 위로, 하늘 아래로, 너의 선율적인 물결을
박자에 맞춰 두드려대던 노 젓는 사람들의
소리만 들릴 뿐이었지.

지상에선 들어본 적 없는 목소리가
마법에 걸린 물가에서 불현듯 메아리를 울려댔지.
파도는 귀 기울이고, 내가 사랑하는 그 목소리는
이렇게 말했지.

"오 시간이여! 너의 비상을 멈추어다오.

자비로운 시간들이여,

음미하도록 내버려다오!" (중략)

"그러니 사랑합시다. 그러니 사랑합시다! 미루지 맙시다!

그때뿐인 시간을 즐깁시다!

인간에겐 항구가 없고, 시간에겐 물가가 없습니다.

시간은 흐르고, 우리는 사라집니다."

질투하는 시간이여, 사랑이 우리에게

행복을 철철 부어주는 그 황홀한 순간이

불행한 세월과 같은 속도로 우리에게서 멀리

사라져버릴 수 있겠느냐?[06]

당시 프랑스의 소설가이자 문학 비평가인 데오필 고티에 Théophile Gautier는 라마르틴을 두고 "시 그 자체였다."고 말했다. 덧없이 흘러가는 시간 앞에 무기력한 인간의 운명은 못 이룬 사랑에 대한 회한과 교차된다. 호수를 안식처 삼은 상처받은 영혼. 결국 미루지 말고 지금 이 순간에 사랑하라는 시인의 반복적인 외침은 간절하다.

이 시는 라마르틴의 실제 경험에서 탄생했다고 한다. 그가 부르제 호수에서 요양을 하고 있을 때 호수에 빠진 한 여인을 구해준 사건을 계기로 그녀와 사랑에 빠진다. 둘은 한동안 호수에서 지내다가 1년 후에 다시 호수 앞에서 만나기로 하고 헤어졌지만, 약속한 날 호수에 갔을 때 그녀는 병이 악화되어 이미 세상을 떠났다고 한다. 그녀의 이름은 쥘리 샤를Julie Charles, 유명한 물리학자의 아내였다. 그리하여 라마르틴이 사랑했던 여인들 중 가장 깊은 인상을 준 이상적 여인인 쥘리는 그의 다양한 작품에서 우울한 추억과 순수한 사랑이 뒤섞여 그려진다. 이 시는 당시 사람들에게 충격적일 만큼 강렬한 전율을 선사했다. 정열적인 사랑을 진실하고 선하게 노래하는 라마르틴은 오랫동안 단절되었던 프랑스의 서정시를 되살렸다.

심금을 울리는 낭만주의 정신에 따라 탄생한 발레가 낭만주의 발레Romantic Ballet이다. 그리고 낭만주의 발레의 포문을 연 작품이 「라 실피드」였다. 이젠 제임스가 조금은 다르게 다가오지 않을까? 그는 그저 어리석은 남자라기보다 순수한 사랑을 부르짖는 시인이다. 그리고 라마르틴의 시가 사랑하는 여인의 죽음으로 시작된 것처럼, 낭만 발레는 여인이 지상이 아닌 천상의 존재였을 때 비로소 시작될 수 있었다. 바로 '요정' 말이다.

요정은 낭만주의 발레에서 남성의 욕망이 향하는 궁극의 대상으로 설정되었으며, 동시에 현실 세계를 부정하고 도피하고자 하는 심성의 거울이었다. 순백의 튀튀tutu를 입고 날아다니는 요정은 순수함과 초월성, 그리고 때로는 위험한 유혹의 얼굴을 동시에 지녔다. 이는 낭만주의 시대가 여성에게 요구한 이미지와 정확히 겹친다. 욕망을 자극하되, 닿을 수 없는 존재로 남아야 한다는 아이러니. 탈리오니는 이러한 역할을 완벽하게 소화했기에, 요정이 되어야만 했

「라 실피드」에서의 마리 탈리오니.
허공을 날아다니는 듯한 공기의 정령 실피드의 형상은 발끝이 땅 위에 닿을 듯 말 듯한 공통
된 이미지로 그려진다. 발끝으로 선다는 것은 이상화된 여성 신체가 현실을 벗어나려는 몸짓
이기도 했다.

던 발레리나를 대표하게 되었다.

마리 탈리오니 이후로 무대 위의 여성 무용수들은 더 이상
인간이 아니었다. 그들은 현실과 비현실 사이를 부유하며 관객의 상
상력을 자극하고 초월적인 아름다움의 구현체로 실재해야 했다. 그
녀가 보여준 '공기의 정령'은 신비로운 여성 캐릭터 이상의 의미를 지
닌 채, 하나의 미학적 기준이자 신체적 이상향으로 작동하게 된다.
그렇게 낭만주의 발레는 한 명의 스타 발레리나를 탄생시켰고, 동시
에 모든 여성 무용수에게 '요정이 되어야 한다'는 시대적 역할을 부
여했다.

발레 「라 실피드」가 펼친 낭만적 요정의 세계는 동시대 예술가들이 공유한 감각과 감정의 흐름 속에서 서로 다른 장르의 영향력을 흡수하며 구체화된 결과물이다. 대표적으로 필리포 탈리오니에게 깊은 인상을 남긴 작품 중 하나는 오페라 「악마 로베르Robert le Diable」였다. 1831년에 파리 오페라에서 초연된 이 오페라는 중세 프랑스를 배경으로 악마의 유혹에 맞서는 기사의 이야기를 그렸으며, 종교적 상징들이 얽혀 있는 구조를 지녔다. 특히 압권인 부분은 제3막에서 펼쳐지는 '지옥의 무도회' 장면이었다. 무덤에서 부활한 수녀들이 소복 차림으로 유혹의 춤을 추는데, 당대 기술을 총동원한 무대장치들이 이를 실감 나게 재현했다. 무대 아래에서 리프트 장치로 수녀들이 지하에서 솟구치듯이 등장했고, 가스등 조명은 푸르스름하고 몽환적인 분위기를 연출했으며, 배경은 안개와 천상의 음악으로 채워졌다.

「악마 로베르」의 후폭풍은 대단했다. 19세기 오페라 중 가장 성공한 작품이라 평가되며 3년이 채 지나기 전에 100회가 공연되었다고 하니, 3년간 한 달에 2~3회가 꾸준히 공연된 셈이다. 무엇보다 이 작품의 하이라이트에서 마리 탈리오니는 수녀원장으로 열연했는데, 관객들에게 '무대 위에 실제 유령이 등장한 것 같다'는 전율을 안겨주었다. 발레 「라 실피드」의 대본은 오페라 「악마 로베르」에서 주역을 연기한 테너 아돌프 누리Adolphe Nourrit가 구상한 것으로 알려졌다. 그는 실피드의 이미지를 성스러움에서부터 사탄이 가진 파멸의 힘에 이르기까지 폭넓고 입체적으로 다듬어 요정 이미지를 창조했다.

공기를 가르며 무대 위에 나타나는 실피드의 형상은, 악마적 유혹이 아닌 신비롭고 순수한 사랑의 대상으로 재해석된 결과물이었다.

「라 실피드」의 서사적 토대는 동시대 환상문학의 흐름과도 깊이 맞닿아 있다. 대표적인 것이 샤를 노디에Charles Nodier의 중편소설 「트릴비Trilby」(1822)이다. 스코틀랜드를 배경으로 한 이 이야기는 인간 남성과 요정, 즉 '물의 정령' 트릴비와 젊은 예술가 윌리엄의 이룰 수 없는 사랑을 다룬다. 이 작품에서 요정은 장식적 소재에 머물지 않고, 서사의 긴장을 이끄는 중심적 존재로 작동할 수 있음을 보여주었다. 「트릴비」 속 정령은 아름답고 유혹적이지만 동시에 인간 세계의 질서에 위협을 가한다. 이 이중성은 그대로 「라 실피드」 속 실피드에게서 되살아난다. 즉 요정은 인간 세계의 질서와 마주하면서 갈등을 일으키는 경계의 존재로 제시된다는 점이다. 인간의 욕망을 자극하되 결코 소유될 수 없는, 또 사랑할 수는 있지만 함께할 수는 없는 그 이중성은 「라 실피드」의 서사에 그대로 응축되었다.

이처럼 「라 실피드」는 발레라는 장르를 넘어서 오페라, 문학, 시각예술에 이르기까지 낭만주의의 상상력 전체가 하나의 정서적 벡터로 모인 결과라 할 수 있다. 그리고 그 상상력의 몸을 부여받은 이가 바로 마리 탈리오니였다. 요정은 낭만주의 시대가 이상화한 감성의 표현이자 여성성의 결정체였던 것이다.

「라 실피드」가 낭만 발레의 출발점이라 불리는 데에는 줄거리나 캐릭터 설정 이상의 이유가 있다. 바로 무대와 춤, 조명과 의상까지 모든 요소가 현실을 넘어서려는 감성의 체계를 전면적으로 구현

「'악마 로베르' 발레 장면」(1872), 에드가르 드가.

드가는 같은 제목의 그림을 두 번 그렸는데, 하나는 1872년에(위쪽), 다른 하나
는 1876년에 그렸다(오른쪽).

「'악마 로베르' 발레 장면」(1876), 에드가르 드가.

한 최초의 시도였기 때문이다. 공연이 시작되면 무대는 안개와 어스름 속에 잠긴 스코틀랜드 시골 마을로 설정된다. 따뜻한 주황빛 조명 아래 벽난로가 깜빡이는 집 안에 제임스가 의자에 앉아 잠을 자고 있고 순백의 실피드는 제임스의 발치에 기대어 있다. 이 순간은 발레 역사상 가장 시적인 도입부라 할 수 있다. 그리고 하릴없이 잠을 자고 있는 제임스는 이 시대 사람들이 느끼던 환멸, 우울증, 현실 도피적 감성을 대변한다. 그러다 실피드는 온갖 아기자기하고 섬세한 스텝으로 춤추며 한참이나 제임스 곁을 맴돈다. 현실에 지친 인간의 몸과, 그 곁을 맴도는 환상의 형상이 무대 위에서 맞닿는 이 장면은 낭만주의의 본질을 무언으로 표현하는 이미지였다.

춤 역시 이 경계를 넘나드는 감성의 흐름을 따라 전개되었다. 마리 탈리오니가 연기한 실피드는 바닥에 발을 붙이지 않은 듯 가볍게 활공하듯 무대를 가로지르고, 발끝으로 도약한 채 오랫동안 공중에 머무는 듯한 '엘레바시옹elevation'과 부드러운 착지로 요정의 질감을 빚어냈다. 손끝은 바람결을 그리듯 유연하게 흔들리며, 시선은 관객이 아닌 허공이나 무대의 구석을 향했다. 그것은 사랑에 빠진 대상이라기보다는, 사랑 자체에 매혹된 존재처럼 보이기 위함이었다. 마치 현현하듯 등장하고, 손짓과 발짓 하나로도 감정을 전달하는 실피드의 등장은, 당시 관객에게 "인간이 아닌 무언가가 이 무대에 서 있다."는 착각을 불러일으켰다.

실피드의 아름다움과 신비로움은 이게 꿈인지 현실인지 구분하기 힘들 만큼 제임스를 몽롱하게 만든다. 실피드는 필멸의 인간에게서 안전한 삶을 빼앗고, 그들이 평범함, 일상, 현실을 선택하는 것을 방해한다. 순진함과 위험함, 영묘함과 유혹 사이, 즉 완벽한 로맨스의 표현인 것이다. 집 안에서 시작된 1막이 현실 세계를 상징한다면, 2막의 숲속 무대는 푸르스름한 가스등 조명과 안개로 가득 채워지며 비현실적 세계를 상징한다. 현실과 환상이 조명만으로 분리되는 이 구조는 훗날 낭만 발레의 고전적 형식으로 자리 잡았다.

마리 탈리오니는 그저 시대와 캐릭터를 잘 만난 게 아니었다. 그녀 역시 이 요정에 생명을 불어넣기 위해 필사의 노력을 했으니, 바로 발이 지면에 닿을 듯 말 듯 가벼운 움직임의 퀄리티를 치열하게 연구했던 것이다. 그녀는 그냥 요정이 아닌 공기의 정령인만큼, 눈에 보이지는 않지만 느낄 수는 있는 바람처럼 춤을 추었다. 탈리오니의 춤 스타일이 얼마나 인상 깊었는지, 당시 그녀의 춤처럼 가볍게 뜨는 무용 기술을 '탈리오나이저Taglionizer'[07]라 불렀다. 그리고 이 기술은 발레 전통으로 자리 잡았다. 오늘날 가벼운 도약과 부드러운 착지를 의미하는 '발롱Ballon'이 그것이다. 발롱은 기술적인 면에서 결코 쉬운 것이 아니다. 온몸을 하늘을 향해 곧게 뻗어내고 높이 비상하지만, 여기서 핵심은 힘이 들어가 보이면 안 된다는 것이다. 즉 하체의 부단한 훈련을 통한 근력과 동시에 우아한 상체 움직임이 결합되어야 한다. 그리고 까다로운 기술을 수행하면서 달콤한 미소는 절대 잃지 않을 것!

그리고 제임스가 사랑에 온몸을 내던지게 하기 위해 실피드가 표현한 섬세한 표현과 절묘한 가벼움은 발끝으로 서는 기술 표현

「라 실피드」에서의 마리 탈리오니(1845), 알프레드 에드워드 찰론.

을 개발해냈다. 오늘날 발끝으로 서는 '쉬르 라 포앵트sur la pointe' 기법은 가벼움의 환상과 미학을 창조하기 위한 당시의 시대적 이상과 맞닿아 있다. 발끝으로 서는 기법은 이전에는 곡예적인 묘기에 불과했으나 「라 실피드」에서는 실피드의 천상의 본질을 표현적으로 나타내기 위해 시도되었다는 점에서 차이가 있다. 뿐만 아니라 남성 무용수가 여성 무용수를 여러 방식으로 들어 올리는 리프트 기술도 이 낭만주의의 상징인 요정의 가벼움을 창조하기 위해 개발된 것이라 해도 과언이 아니다. 백색의 망사가 겹겹이 쌓여 솜사탕같이 가볍고 볼륨감 있는 로맨틱 튀튀romantic tutu, 가스등의 푸르스름한 분위기 연출, 창가에서 순식간에 내려오고 굴뚝으로 올라가는 도르래 기술까지. 이 모든 것들은 낭만주의를 발레적으로 수용한 종합예술의 성격을 보여준다. 그리고 이전까지 귀족들의 여흥에 머물던 발레는 최초의 예술 사조의 대열에 합류해 역사를 이어간다.

부르주아의 대스타로서 인기를 얻었던 마리 탈리오니가 공기의 정령으로서 발레리나의 정체성을 확립한 것은 시대적, 문화적, 예술적 운명이었다. 낭만주의는 우리에게 감정의 세계를 허락했고, 탈리오니는 그것을 몸으로 실현했다. 그녀가 남긴 가장 위대한 유산은, '춤은 땅 위에서도 날 수 있다'는 믿음이었다.

오귀스트 부르농빌의 「라 실피드」

덴마크 낭만주의자, '요정'을 되살리다

필리포 탈리오니의 「라 실피드」는 1832년 초연 후 파리에서만 146회 공연을 했고, 베를린, 상트페테르부르크, 그리고 밀라노로 진출할 만큼 많은 사랑을 받았다. 하지만 오늘날 전해지는 「라 실피드」는 필리포 탈리오니 버전이 아닌 오귀스트 부르농빌(August Bournonville, 1805~1879)이 재안무한 버전이다.

프랑스에서 발레를 배운 후 덴마크 왕립 발레단에서 활동한 안무가 부르농빌은, 북유럽 발레의 정체성을 확립한 인물로 평가받는다. 그는 기술의 화려함보다는 감정의 진실함을 중시했고, 인간적인 드라마를 바탕으로 한 발레를 추구했다. 부르농빌은 클래식한 형식미 안에서도 인간 내면의 윤리와 도덕, 낭만적 갈등을 섬세하게 조형해내는 데에 탁월했다. 우리가 오늘날 보는 「라 실피드」는 바로 이 '덴마크 낭만주의자'의 손을 거쳐 전해진 것이다.

1836년, 부르농빌은 파리에서 「라 실피드」를 보고 강렬한 감동을 받았다. 그는 즉시 이 작품을 덴마크로 들여와 재안무하기로 결심했다. 그러나 프랑스 측과의 저작권 협상이 결렬되면서, 원작을 복사하는 대신 음악과 안무를 모두 새롭게 만들어야만 했다. 그 결과, 파리의 「라 실피드」는 슈나이처Schneitzhoeffer의 음악에 맞춰 공연

되었지만, 부르농빌은 헤르만 뢰벤스키올드Herman Løvenskiold의 음악을 사용해 전혀 다른 정서를 입혔다. 그리하여 덴마크판 「라 실피드」는 원작과는 또 다른 정직하고 따뜻한 북유럽의 판타지로 탈바꿈하게 된다.

부르농빌은 '모든 인물은 배경이 아닌 주체다'라는 연출 철학을 가지고 있어서 군무 중 많은 인물들이 개별적인 동기나 성격을 지니고 등장한다. 그만큼 리얼리즘에 가까운 인간적 정서를 강조한 안무가라 할 수 있다. 이러한 특징은 「라 실피드」에서 실피드보다 제임스의 심리 변화에 초점을 맞추는 것으로 나타난다. 그는 제임스를 망상과 환상의 경계에 선 인간으로 묘사하며, 결혼이라는 제도적 삶과 꿈이라는 초월적 욕망 사이에서 갈등하는 인간으로 그려내고 있다.

이 버전의 제임스는 '한눈을 판 바보'가 아니라, 자아 탐색의 여정 속에서 환상을 향해 무너지는 시인에 가깝다. 실피드 역시 순진한 요정이라기보다는, 현실의 안정된 질서에 침투하는 낯선 외부자로 등장한다. 이러한 인물 설정은 북유럽 낭만주의 특유의 내성적 감수성과 맞닿아 있다.

안무와 테크닉에서도 부르농빌의 「라 실피드」는 탈리오니 판과 뚜렷한 차이를 보인다. 그는 여성 무용수의 공중성을 강조하는 동시에, 남성 무용수에게도 빠르고 복잡한 점프, 예기치 못한 에폴망epaulement과 빠른 방향 전환, 작고 단순하지만 정교한 포르 드 브라를 요구했다. 발 동작은 자연스럽고 끊기지 않는 흐름이 중요하다. 이것은 기술적 차이가 아닌, 무용수의 몸이 서사와 감정을 전달하는 매개체라는 부르농빌의 철학을 반영한다. 오늘날까지도 덴마크 왕립 발레단 무용수들은 부르농빌 스타일을 따로 훈련하며 그의 위대한 유산을 지켜오고 있다.

오늘날 전해지는 「라 실피드」는 부르농빌 판이 유일하다. 원작자인 필리포 탈리오니의 안무는 기록도 영상도 거의 남아 있지 않기 때문이다. 따라서 「라 실피드」는 우리에게 하나의 교훈을 남긴다. 고전은 결코 정지된 형상이 아니다. 누구의 손에 해석되느냐에 따라, 새로운 생명으로 다시 태어난다. 한때 파리 무대를 휘어잡았던 필리포 탈리오니의 안무는 사라졌지만, 그 정신은 부르농빌이라는 새로운 언어로 되살아났다. 마치 요정 실피드가 꿈속에서 여러 모습으로 다시 찾아오는 것처럼 말이다.

4장

발레리나를 따라가는
그 남자의 붓

발레리나를 주제로 수많은 그림을 남긴 화가 에드가르 드가

발레 공연을 한 번도 본 적이 없는 사람에게도 에드가르 드가(Edgar Degas, 1834-1917)의 「발레(스타)」는 낯설지 않을 것이다. 어쩌면 발레보다 유명한 발레 그림인데, 그럴 만도 한 것이 드가가 남긴 1,500점에 달하는 유화와 파스텔 작품, 수천 점의 드로잉, 그리고 조각과 판화에 이르는 방대한 작품 중 절반 이상이 발레리나를 주제로 삼았기 때문이다.[08] 그리고 드가가 가장 왕성히 활동하던 1880년대 초반부터 1900년대 사이에 그는 회화, 사진, 조각은 물론 정형시의 가장 대표적인 형식인 소네트Sonnet에 이르기까지 다양한 매체를 이용하여 발레리나를 표현했다.

드가가 유난히도 발레리나를 그리기 좋아했던지라, 우리는 그가 왜 이토록 많은 발레리나 그림을 그렸는지, 또 그가 그린 발레

「발레(스타)」(1878).

리나는 누구인지 궁금증을 품게 된다. 일각에서는 그가 평생 독신으로 살았다는 점과 어머니의 외도 사실을 목격한 후 여성을 혐오하게 되었다는 점을 들어 드가와 그의 그림을 둘러싼 흥미로운 뒷이야기를 제시한다. 또 드가가 그린 여성들이 주로 하층민 여성이었다는 점으로 미루어 여성 노동자 계층을 향한 남성 부르주아 계층의 시선을 말하거나, 페미니즘적 관점에서 그림 속 여성들이 자신의 일에 집중하고 있는 능동적인 여성상으로 해석되기도 한다. 다양한 해설에도 불구하고 무엇 하나 분명한 것이 없는 이유는 드가 스스로 자신의 작품이나 제작 의도에 대해 장황하게 말하기를 좋아하지 않았기 때문이다. 그럼에도 불구하고 드가의 그림을 통해 나눠볼 발레이야기는 꽤 많다. 지금부터 드가가 고집스럽게 탐구했던 발레라는 장르가 겪었던 사회적·문화사적 상황을 토대로 드가의 눈에 비친 발레리나의 모습, 그 찰나의 몸짓을 따라가보자.

프랑스 파리의 부유한 은행가 집안 출신이었던 드가는 비교적 어린 나이인 13살에 어머니를 여읜 탓에 그의 아버지와 삼촌들의 영향을 받으며 자랐다. 어릴 때부터 그림을 그리기 시작했으며, 법대 진학을 원한 아버지의 뜻에 따라 파리대학 법학부에 등록했지만 그의 마음은 늘 공부보다 그림으로 향했다. 루브르 박물관에 카피스트(copyist, 필사자)로 등록했던 드가. 매일 루브르에 들러 미켈란젤로, 라파엘로, 티치아노 등 르네상스 예술가들의 작품 앞에 이젤을 펼쳐놓은 채 관찰하고, 메모하고, 스케치했던 청년 드가의 모습을 상상해보게 된다. 그러던 그에게 1855년 운명 같은 만남이 성사된다. 바로 드가가 평소 가장 존경하던 화가 앵그르와의 만남이었다. 앵그르는 드가에게 이렇게 말했다고 한다. "젊은이, 인생과 기억 모두에서 더 많은 선을 그리게. 그러면 훌륭한 예술가가 될 걸세." 그해 4월 드가는 에콜 데 보자르École des Beaux-Arts에 입학해 그림과 한평생 동반자가 된다.

드가가 발레리나를 그리기 전, 그의 작품에는 경마장에서 볼 수 있는 경주마와 기수들을 주제로 한 그림을 여럿 찾아볼 수 있다. 일설에 따르면 경마를 주제로 최소 45점의 유화, 20점의 파스텔화 약 250점의 드로잉과 17점의 조각을 제작했을 정도다. 경주마 그림을 통해 드가가 유독 말의 다양한 형태와 근육의 세심한 묘사를 즐겼음을 짐작할 수 있다.

경주마와 발레리나의 공통점은 바로 '운동성'일 것이다. 그것도 우아한 움직임 말이다. 나는 몇 해 전 우연히 TV 중계로 올림픽 마장마술 경기를 보며 말의 움직임이 우아하다고 느낀 적이 있다. 마장마술은 정해진 경로를 따라가며 말을 타고 연기를 하거나 장애물을 넘으며 점수를 겨루는 과정에서 기수와 말의 교감이 중요한 능력으로 평가된다. 올림픽 종목 중 유일하게 동물이 참여하는 종목이라는 사실이 흥미로운 한편, 말의 움직임을 보고 있노라니 마치 고난도의 발레 테크닉만큼 놀랍고 우아했다.

그런데 흥미롭게도 마장마술은 발레와 깊은 인연이 있다. 중세 시대부터 유럽에서는 마상 시합이 인기가 있었는데, 이런 인기에 힘입어 기사와 안무가가 마상 시합에 발레를 결합한 '말들의 발레

「경주 전에」(c. 1887-1889).

「잘못된 출발」(c. 1869-1872).

Horse Ballet'를 만들었다. 이것은 말을 탄 기사와 기하학적인 패턴에 따라 움직이는 말들의 공연이다. 바로크 시대 초기에 궁정 발레가 그러했듯이, 말들의 발레는 군주들이 직접 출연하여 절대왕정과 왕실의 위엄을 과시하기 위한 쇼의 일환이었으며, 온갖 보석과 장식으로 화려하게 치장한 말들이 성대한 공연에 활용되어 스펙터클함을 더했다.[09] 우아한 움직임은 순간에 스러지지만, 그 리듬은 시선 속에 오래 남는다. 드가의 그림은 그런 찰나의 흔적을 감각의 언어로 옮겨 낸 것이다.

또 다른 공통점으로는 당시 발레와 경마가 부유층이 향유하는 사교적 오락이었다는 사실을 들 수 있다. 경마는 19세기 초 영국으로부터 프랑스에 소개된 비교적 최근의 유흥거리였고, 발레 역시 이전까지 국가 소유였던 오페라 극장이 민간 기업으로 변모하여 신흥 부르주아들의 베르사유 궁전이 되었던 때이다.[10] 상류 부르주아의 일원이었던 드가는 이러한 장소를 드나드는 데 어려움이 없었다.

특히 1875년 건축가 샤를 가르니에Jean-Louis-Charles Garnier에 의해 새롭게 개관한 오페라 극장은 프랑스 제2제정 시대의 찬란함을 한껏 재현하는 장소였다. 극장은 각양각색의 대리석과 금박 장식으로 빼곡히 치장했으며, 로비 가운데에서 위층으로 뻗어나가는 메인 계단은 화려하게 차려입은 신사 숙녀들에 의해 더욱 반짝였다. 드가는 붉은 벨벳이 깔린 장중한 메인 계단과 연결된 무용수들의 대기실, 객석과 백스테이지를 오가며 그곳에서 벌어지는 광경을 화폭에 옮겼다.

　　발레리나를 그리기 시작한 드가의 초창기 그림에는 초상화 형식이 있는데, 대표적인 것이 당시 인기 발레리나였던 외제니 피오크르(Eugénie Fiocre, 1845-1908)의 초상화이다. 피오크르는 파리 오페라 발레단에서 1864년부터 1875년까지 수석 무용수로 활약한 인물이다. 드가가 그린 피오크르의 초상화는 1865년에 그려진 것으로 추정되는데, 그녀가 수석 무용수로 승급한 이듬해, 스무 살의 모습이다. 특이할 점은 피오크르가 명랑한 성격의 소유자였음에도 불구하고 활기찬 소녀의 이미지라기보다는 푸른 배경으로 덧씌운 화면에 생기 없는 색조와 거친 표면을 사용함으로써 다소 침울한 분위기를 자아낸다는 것이다. 미술사학자 리처드 캔달Richard Kendall은 젊은 무용수의 화려한 삶이나 명성으로부터 벗어나 그 이면의 외로움과 같은 고된 감정에 공감하고자 했던 화가의 시선을 짚어내면서 드가가

무용수 개개인의 사연과 특징에 관심을 보였던 것으로 해석한다.[11] 이는 미술적 측면에 있어서도 중요한데, 인물의 직업으로 인해 드러나는 인상적인 특징이나 습성을 꼼꼼히 관찰하고 포착해내는 것이 당시 초상화를 그리고자 하는 사람이 반드시 갖춰야 할 태도로서 언급되었기 때문이다.[12]

드가의 발레리나 그림은 크게 세 유형으로 나눠볼 수 있다. 무대 위의 발레리나를 그린 유형과 연습실에서 수업 중인 모습을 그린 유형, 그리고 무대와 연습실 밖에서 휴식을 취하거나 옷매무새를 다듬는 등의 무용수들의 자연스러운 모습을 그린 유형이다. 혹시 수많은 그림을 샅샅이 뒤져봐도 온통 발레리나밖에 보이지 않는

「무용 수업」(1873-1876).

「발레 연습」(1875).

점을 눈치챈 독자가 있을까? 분명 발레 무대에는 발레리노라 부르는 남성도 있지 않은가. 드가가 발레리나를 포함하여 다양한 여성을 자주 그렸다는 점이 종종 그의 성적 취향과 연관되기도 한다지만, 내가 자신 있게 말할 수 있는 건, 드가가 여성 무용수만 의도적으로 골라 그리진 않았을 것이라는 점이다. 그 이유는 당시 파리 발레의 상황이 여성 무용수에게 열광하던 낭만 발레 시기였다는 역사적 사실에 기인한다.

　　이 시기 파리 관객들은 여성 무용수를 찬양했다. 게다가 현실과 이성보다는 감성과 환상에 흥미를 느낀 낭만주의 사조의 영향

「연습실의 댄서들(3명의 댄서)」(1873).

「무대 리허설」(1874).

으로 발레 작품은 이룰 수 없는 사랑을 주된 주제로 삼는 것이 특징
이었는데, 이때 주인공은 천상의 존재인 요정이었다. 요정은 낭만 발
레의 상징이 되었고, 여성 발레의 시대를 열었으며, 무대 안팎의 남
성들을 정신없이 유혹했다.

드가의 그림에 남성의 모습이 아예 없는 건 아니다. 남성은 발
레리나 주변에 때때로 검은 양복을 입거나 백발 노인의 모습으로 등
장한다. 이들은 무대나 연습실에서 반주를 하는 음악가이거나 스텝
을 지도하는 선생님이거나 경제적 지원을 해주는 후원자이다. 특히
무대 위의 리허설 장면을 그린 그림에는 검은 양복을 입은 후원자의
모습이 자주 등장한다.

「커튼」(1880).

이에 대해 예술사학자 메리 매콜리프_{Mary Mcauliffe}는 드가가 어쩌면 발레리나보다 발레리나가 처한 상황에 더 관심이 많았을 것이라 추측한다. 이 시기 프랑스에서 발레리나들은 하층민보다 상황이 약간 더 나은 계급의 여성들이었다. 어린 소녀들의 어머니는 자신의 딸이 무용수라는 일자리를 얻고, 나아가 부유한 후원자를 만나기를 기대하며 극장으로 찾아들었다. 후원자들은 무대와 연습실에 들러 춤추는 발레리나들을 지켜보며 자신들의 영향력을 행사했고, 마음에 드는 발레리나를 선택해 정부가 되기도 했다.

「발레」(1880).

하지만 드가의 시선을 두고 모두가 낭만적으로 해석한 것은
아니었다. 일부 평론가들은 드가가 연습실을 드나들며 무용수들의
순간을 포착하는 태도를 두고, 마치 무대 뒤를 훔쳐보는 듯한 관음
적 시선이라고 비판하기도 했다. '예술인가, 관음인가'라는 심미적 딜
레마 속에서 드가의 시선을 어떻게 해석할지는 여전히 논의의 여지
가 있다. 그러나 이를 예술적 집념이자 당대의 계급적 시선을 재현한
것으로 보았을 때, 드가가 발레리나를 그린 것은 그녀들에 대한 이
성으로서의 관심보다는 그들의 삶과 현실의 반영이라 보는 회화적
르포르타주에 가깝다. 그의 그림이 파리 발레의 숨겨진 이면을 명확
하게 드러내는 '저널리즘'[13]이라 불리는 이유도 바로 여기에 있다.

흔히 드가를 인상주의 화가라 말하지만, 드가 본인은 그렇

「흔들리는 무용수
(녹색 옷을 입은
무용수)」
(1877-1879).

「무용수」(1890), 장 루이 포랭.

「오페라 무대 옆에 선 무용수들」(연도 모름), 장 루이 포랭.

드가와 마찬가지로 포랭은 무대 뒤편의 은밀한 대화, 눈길, 동행을 고스란히 담아냈다.
남성 후원자들이 발레리나에게 매혹된 이유는 무엇일까?
발레리나는 땅을 딛고 있으면서도 언제나 떠 있는 존재였다.
풍성한 튀튀, 희미한 조명, 그녀들이 구사하는 자유로운 움직임은
시간과 중력을 벗어난 존재처럼 보이게 했다.
발레리나는 인간이지만 동시에 무대가 빚은 신화적 이미지였다.
이러한 현실성과 비현실성의 중첩이 발레리나를 그 시대 남성들의 시선의
우상으로 만든 것은 아닐런지.
발레리나에게 이 시기의 발레는 예술이었지만 다른 한편으로 생존의 무대이기도 했다.
무용수들은 후원자에게 생계를 의탁하며 무대 밖의 불안정한 삶을 견뎌야 했고,
후원자들은 그 불완전함 위에 순수와 욕망의 모순된 환상을 키웠다.
그렇기에 그림 속 한 장면은 로맨스도 아니고 단순한 현실도 아닌,
그 사이 어디쯤의 긴장감을 전달한다.

게 생각하지 않았다. 오히려 그는 사실주의자(또는 현실주의자)로 불리기를 선호했다고 한다. 파리의 발레리나들이 처한 사회적 현실에 관심이 있었기 때문이다. 그래도 드가가 인상주의와 연관되는 데는 그만한 이유가 있다. 그림을 좀 더 자세하게 들여다보자. 캔버스 내 모든 윤곽선은 분명한 것이 없다. 무용수들의 이목구비가 뚜렷하지 않기 때문에 이들이 기쁜지 슬픈지 도통 알 수 없을 정도다. 무대를 그린 그림은 어떠한가. 어디까지가 바닥이고 어디서부터가 무대 세트인지 분간할 수 없다. 윤곽선을 대신하는 것은 거친 붓놀림으로 남은 색채 덩어리이다. 이것이 인상파들과 유사한 지점인데, 인상주의는 빛과 함께 시시각각으로 움직이는 색채의 변화 속에서 대상을 묘사하기 위해 색채, 색조, 질감 자체에 관심을 두었다.

인상주의는 당시 발달한 과학 기계나 도구들, 그리고 이를 통해 새롭게 밝혀진 사실들에 힘입은 바가 크다. 먼저 프리즘이 발명되고 광학 이론이 발달하면서 19세기 중반에는 자연 속의 대상이 일정한 고유색을 갖는다는 전통적인 생각이 무너진 상태였다.[14] 대상의 색은 반사에 의한 것이며, 시간에 따라 변화한다는 주장에 따라 인상주의자들은 색의 변화를 화폭에 담아냄으로써 시각적 진실에 도달하고자 했다. 또한 햇빛과 반사광의 효과를 생생한 색으로 포착하고자 한 인상주의자들의 극적인 시도는 휴대용 카메라와 스냅 사진이 발전을 이룬 시기와 때를 같이 했다. 사진술의 발달로 인해 과거 저명한 인사의 초상이나 저택의 기록으로 쓰였던 회화의 역할을 서서히 카메라가 대체했기 때문이다. 특히 1890년대에는 점차 사진

「오페라의 오케스트라」(1870).

촬영이 쉽고 빨라지면서 유명 스타들의 초상화 사진 촬영 열풍이 불었다. 따라서 인상주의자들은 기술이 도맡을 수 없는 회화에 대해 더 심도 있게 탐색한 결과, 눈에 보이는 색채의 변화에 주목하면서 화자의 '지금, 여기'의 감각을 우선하게 되었다.

인상주의 미술 운동은 1874년부터 1886년까지 12년 동안 8회에 걸친 전시회를 통해서 전개되었다. 이 과정에서 인상파 그룹의 떠오르는 신예였던 모네는 윤곽선과 입체감보다는 색채의 효과를 강조한 색채 분할법을 고안했는데, 드가는 색채 분할법과 함께 인물의 움직임을 더욱 실감 나게 드러내고자 중심을 이탈한 구도를 자주 이용했다. 무대 위의 발레리나를 그린 그림에서 자주 발견되는 독특한 구도는 카메라의 광학 장치인 뷰파인더viewfinder에 포착된 듯한 구성이다. 실제로 그는 조형 예술의 보조 수단으로서 사진을 실험하는 데 몰두한 바 있다고 한다.

이 독창적인 구도에 대해서는 당시 유행한 일본의 목판화인 우키요에浮世繪의 영향도 찾아볼 수 있다. 우키요에는 대각선을 이용한 불안정한 평면 구도, 대상들의 비대칭적인 형상, 서구 회화의 전통적인 원근법과 달리 대상을 수직과 수평으로 배치하는 구성 방법 등이 특징인데, 이러한 새로운 구성법을 자신의 예술로 적절히 흡수한 화가가 드가였다. 이 같은 영향은 그가 1870년대 발레 공연장의 오케스트라 연주자들을 그린 그림인 「오페라의 오케스트라」에서 잘 드러난다. 무대와 오케스트라 단원석을 양분함으로써 관람자의 시선을 단원들과 같은 위치로 끌어들이는 효과를 발생시켰다.[15] 즉 드

「오케스트라 연주자들」(1872).

「14살의 어린 무용수」(1879-1880).

가가 우키요에와 같은 평면적 접근을 시도해 이룬 효과는 스냅 사진처럼 찰나의 동작과 조명의 즉흥적인 효과를 강조한 것이다.

　　이렇게 드가의 발레리나 그림은 문화사적으로 유의미한 기록인 동시에 예술적으로도 새로운 예술 표현을 위해 변화를 거듭하던 모더니즘을 향했다. 그러나 이 거장에게도 가혹한 운명이 뒤따랐으니, 말년에는 시야가 어둠 속으로 천천히 가라앉기 시작했다. 그럼에도 드가는 절망하지 않았다. 그는 청각에 더욱 집중하며 무용수가 만들어내는 몸짓의 리듬과 소리에 반응해 예술의 새로운 가능성을 열었다. 이 변화는 드가가 조각 작업에 몰두하게 되는 계기가 되었다. 특히 무용수들의 순간적인 자세를 포착한 소형 조각들은 그의

「팔을 치켜들고 앞으로 나아가는 무용수」
(1882-1895).

파스텔화에서 보였던 찰나의 운동성을 입체화한 것으로 평가된다.

　　눈이 아닌 손으로 바라본 몸, 그것은 말 그대로 드가가 발레리나를 기억하고 상상하는 방식이었다. 즉 그는 점차 사라져가는 시각을 촉각과 리듬의 감각으로 대체해나가며 예술가로서의 본능을 잃지 않았다. 시야는 닫혔지만, 감각은 더욱 열려 있었다. 드가는 손끝으로 그녀들의 움직임을 더듬으며 찰나의 아름다움을 입체화했다. 그렇게 그는 사라지는 것을 포착한 예술가로 남았다.

발레리나를 그리기 전에

드가는 무용수의 발레 동작을 묘사함에 있어서도 예리한 관찰력을 가진 화가였다. 드가는 친구들과 저녁 식사를 마친 후 종종 스케치북을 꺼내 그림을 그리곤 했는데, 스케치북에 남긴 드로잉들은 우리가 앞에서 만나본 유화나 조각 작품을 위한 기초 단계였다. 그가 남긴 드로잉은 발레 동작과 신체 표현을 위한 그의 치열한 연구 과정을 보여준다. 마치 필사하듯. 움직이는 무용수의 순간을 재빨리 포착한 드로잉들을 통해 드가의 시선을 사로잡은 발레 동작들을 함께 살펴보자.

첫 번째로 살펴볼 드로잉 「그림 연구 9」는 무용수의 발을 부분적으로 그린 것이다. 한쪽 발로 지탱한 채 다른 한쪽 발은 앞으로 내민 동작이다. 서 있는 다리는 발을 바깥쪽으로 회전시킨 턴 아웃turn-out 자세이며, 움직이는 다리는 발끝을 길게 뻗어 포인point을 한다. 이렇게 한쪽 발의 발등을 밀어내듯 포인한 동작을 탕뒤tendu

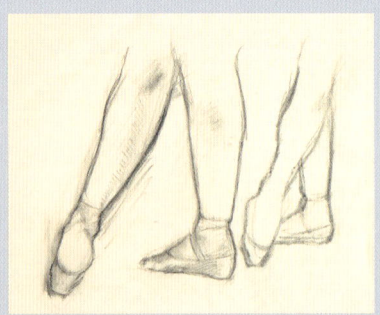

「그림 연구 9」(1882-1885).

「무대 위의 무용수」(1880-1885).

라고 부른다. 프랑스어로 '단단하게 늘려 뻗다'는 뜻의 탕뒤는 앞, 옆, 뒤의 방향으로 정확하게 수행되며, 발가락부터 허벅지까지 연결된 근육 전체를 훈련하는 기본 동작으로서 보다 큰 동작을 위한 준비 스텝이기도 하다.

탕뒤에 관한 드가의 연구는 무용수의 전신을 그린 「무대 위의 무용수」로 연결된다. 몸통과 함께 팔 동작을 의미하는 포르 드 브라port de bras가 더해졌다. 오른팔은 머리 위로 둥글게 구부린 앙 오en haut, 왼팔은 옆으로 길게 늘어뜨린 알 라 스공드a la second 자세이다. 이 팔 포지션의 이름은 발레 교수법마다 다른데, 영국(Royal Academy of Dance, RAD)과 이탈리아 체케티Cecchetti에서는 4번 포지션이라 부르며, 러시아 바가노바에서는 큰 포즈grand pose라고 부른다. 머리 방향 - 팔 포지션 - 다리 포지션이 조화를 이루는 코디네이션coordination 묘사를 보자. 왼팔은 알 라 스공

드로 펼쳐 상체를 열고, 왼발로 앞 탕뒤
를 하여 하체는 닫힌 상태를 유지한다. 몸
전체로 보면 약간 트위스트된 상태인데,
이 포즈를 일컫는 용어로는 크루아제 드
방croisé devant이 있다.

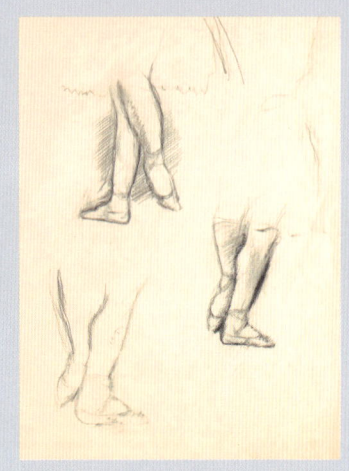

「그림 연구 6」(1882-1885).

　그 밖에도 드가는 무용수의 다양한 동
작을 스케치하며 발레 테크닉을 탐구했
다. 「그림 연구 6」은 한쪽 발을 다른 쪽 발
목에 갖다 댄 동작으로, 쿠드피에cou de
pied라 부른다. 쿠드피에는 발을 정확히
어디에 갖다 대었느냐에 따라 구분되는데, 발바닥으로 발목을 감싼 상태가 기본 쿠
드피에, 발끝을 복숭아뼈 앞쪽에 붙인 상태가 앞 쿠드피에, 그림처럼 발목 뒤쪽에
붙인 상태가 뒤 쿠드피에다.

　또 「바에서 스트레칭하는 무용수」라는 그림에서 볼 수 있는 동작은 캉브레cambre
이다. 오른쪽 팔을 앙 오하고 그대로 상체를 기울여 왼쪽 옆구리를 접는 옆 캉브레
동작이다. '아치arch'라는 의미를 가진 캉브레는 옆은 물론 앞뒤 방향으로도 가능하
다. 마지막으로 「발끝으로 선 무용수」 그림에서는 한쪽 다리를 뒤로 들어 올리고 있
는데, 뒤로 들어 올린 다리의 무릎이 구부려져 있는 이 자세는 아티튀드attitude 포
즈이다. 만약 뒤쪽의 들어 올린 다리가 쭉 뻗어 있다면 아라베스크arabesque 포즈가
된다.

「바에서 스트레칭하는 무용수」(1877-1880).

「발끝으로 선 무용수」(1878).

5장

카바레,
붉은 커튼 너머의 발레

파리의 '벨 에포크'와 발레, 그리고 화가 툴루즈 로트레크

    1889년 파리는 만국박람회를 기념하기 위해 카바레를 개장했으니, 바로 '빨간 풍차'라는 뜻의 물랭 루주Moulin Rouge였다. 이곳에는 술, 노래, 춤, 쇼, 그리고 사람들이 가득했다. 대중오락과 유흥문화에 열광하는 파리지앵의 모습은 그로부터 정확히 100년 전 일어난 시민혁명의 성과였을까.

    아마 우리에게 물랭 루주는 영화로 더 친숙할 것이다. 2001년 개봉한 영화 「물랑 루즈」는 물랭 루주 최고의 여가수인 사틴과 영국의 낭만파 시인 크리스티앙의 사랑 이야기이다. '사랑이 열정을 만나는 곳'이라는 영화의 캐치프레이즈처럼 반짝이는 불빛들로 가득한 물랭 루주는 판타지와 현실이 욕망으로 뒤섞인 화려하고 섹시한 세계이다. 뮤지컬도 있다. 휘황찬란한 붉은색 커튼에 거대한 샹들리에

와 코끼리 장식이 단번에 관객을 압도하는 「물랑 루즈」이다. 이 뮤지컬은 2021년 토니상 시상식에서 최우수 작품상, 남우주연상, 여우주연상을 비롯한 총 10개 부문에서 수상했으며 브로드웨이 역사상 가장 호화로운 뮤지컬이자 자본주의 뮤지컬의 정수로 평가된다.

영화와 뮤지컬이 하나같이 입을 모아 묘사하는 물랭 루주의 스펙터클, 이것의 정체는 무엇일까? 당시 파리는 남아도는 자본과 기술의 눈부신 발전으로 그 어느 때보다 풍요로운 시대였다. 밤거리 불빛은 꺼질 줄 모르고 사람들의 일상은 쇼핑과 여가로 가득했던 그때는, 후일 사람들이 다시는 오지 못할 정도로 풍족했던 때라 회상하며 '좋은 시절'이란 의미의 벨 에포크The Bell Epoque라는 이름을 붙였을 정도다. 하지만 다른 한편으로는 유흥과 소비가 넘쳐나고 자극과 쾌락에 젖은 도시의 분위기가 극으로 치닫던 불안한 세기말이기도 했다. 물랭 루주와 같은 카바레는 모순적인 이 시대적 상황을 고스란히 포용하는 공간이었다. 부르주아들에게는 역동적이고 화려한 오락실을 제공하고 노동자에게는 사회적 냉대나 고달픈 현실을 잊게 해주는 도피처 역할을 했으니 말이다.

이런 곳에서 발레가 공연되었다니, 믿기 어려운 이야기처럼 들릴지도 모른다. 술과 담배 연기와 매춘부들이 가득한 유흥업소에서 발레라니, 분명 발레는 오페라 극장에서 귀족처럼 잘 차려입은 관객들이 우아하게 향유하는 순수예술이자 고급예술 아닌가. 당연하게도 물랭 루주에서 공연된 발레는 우리가 생각하는 귀족적이며 고상한 발레는 아니었다. 그렇다면 카바레에서 공연된 발레는 어떤 모습이었을까?

파리 시민이 열광했던 물랭 루주의 현장은 툴루즈 로트레크 (Henri de Toulouse-Lautrec, 1864-1901)의 그림을 통해 만날 수 있다. 로트레크는 밤마다 물랭 루주를 제집처럼 드나들었고 늘 첫 줄의 테이블에 앉아 그날의 인상을 화폭에 담았다고 한다. 로트레크는 귀족 집안의 자제였지만, 유전적인 왜소증과 사고로 인해 10대에 성장이 멈춰버린 성장 장애를 가지고 있었다. 152센티미터 단신이라는 신체적 결함 때문이었을까? 유독 로트레크는 풍경보다 인물에 관심이 많았다. 그것도 흥겹게 움직이는 자유로운 몸짓을 홀린 듯 그림으로그려 댔다. 그의 그림에서 풍경은 어디까지나 인물을 부각시키고 꾸며주는 기능을 할 뿐이다. 이런 점은 당시 발전하고 유행한 인상주의 화풍에 역행하는 것이었다.

로트레크의 집안에서는 그의 그림을 조잡한 스케치 정도로 여겼다지만, 그가 물랭 루주에서 만난 다양한 군상들을 그림으로 남긴 덕분에 우리는 벨 에포크 시대의 춤을 감상할 수 있다. 그림 속 인물들은 신분과 지위 고하를 막론하고 술기운에 붉어진 얼굴로 흥겨워하고 있다. 또 열정적으로 춤을 춰 땀이 흥건한 댄서들은 활기찬 무대의 열기를 고스란히 전해준다.

「물랭 루주에서, 춤At the Moulin Rouge, The Dance」은 로트레크가 1890년에 그린 물랭 루주다. 그림 속 공간은 로트레크가 바라본 물랭 루주의 내부이며, 공간을 가득 메울 정도로 많은 사람들이 등장한다. 양손으로 치마를 휘두르며 역동적으로 움직이는 여성은 물랭

「물랭 루주에서, 춤」(1890).

「물랭 루주에서의 춤, 라 굴뤼와 발랑탱 데조세」(1895).

루주에서 춤 솜씨를 뽐내던 라 굴뤼La Giulue이다. 오른쪽 다리의 뒤 꿈치가 들린 채 왼쪽 다리를 높이 들고 있는 모양새로 보아 빠르고 경쾌한 발 동작이 강조된 춤 스타일이 상상된다. 조금 더 자세히 들여다보자. 왼쪽에 연미복을 빼입고 실크해트를:2 멋들어지게 쓴 신사의 다리 라인이 예사롭지 않다. 이 남자는 당시 물랭 루주의 명물이었던 자크 르노댕Jacques Renaudin이다. 그의 춤이 어찌나 화려하고 현란했는지, '뼈가 없는 발랑탱(발랑탱 데조세Valentin le désossé)'으로 불렸다

:2 서양식 모자로 흔히 실크해트(silk hat) 또는 탑해트(top hat)로 불린다. 원통형으로 높이가 높고 꼭대기가 평평하며 넓은 챙이 특징이다. 영국의 전통 모자였지만, 1800년대 후반부터 1900년대 초 사이에는 서양 문화권에 널리 유행했다.

고 한다. 환상적인 파트너십으로 파리의 춤판을 주름잡던 라 굴뤼와 발랑탱은 로트레크 그림의 단골손님이다.

이처럼 카바레의 밤은 남녀노소가 한데 섞여 춤을 추며 즐기는 한편, 전문적인 댄서들이 선보이는 폭발적인 쇼로 특별함을 더했다. 카바레의 공연은 오페라 극장의 입장료를 지불할 능력이 없는 중하층 서민들의 취향을 반영한 것이 특징이었기 때문에 오페라와 발레가 일종의 축소판 형태로 공연되었다. 예를 들어 오페라는 단막으로 구성된 짧고 단조로운 음악극인 오페레타Operetta 형식이었으며, 발레는 줄거리와 상관없이 그저 흥을 돋우기 위해 나열되는 짧은 춤인 디베르티스망divertissment 형태였다. 이후 발레는 점차 스케일을 확장하고 보다 정교한 플롯을 갖추어 마임과 춤이 동등한 비율로 구성된 팬터마임 발레pantomime-ballet로 발전했다고 하지만, 전달하는 플롯 자체는 대부분 서민적이고 자극적인 사랑 이야기였다.

이렇게 난폭하면서도 세련된, 그리고 천박한 분위기를 동시에 불러일으키는 카바레에서 발레는 서커스, 곡예, 동물들의 쇼, 진기명기 쇼, 마술, 인형극과 같은 프로그램들과 한데 뒤섞여 대중들의 일상적인 오락으로 기능했다. 이렇게 카바레 발레는 일명 '오락적 발레 쇼ballet-spectacles'라 불리는 상류 사회의 외곽에서 추던 관능적이고 자극적인 춤과 경계를 허물었다. 물랭 루주에서 발전한 가장 대표적인 춤은 캉캉can-can dance이다. 캉캉은 발레에서 한쪽 다리를 높게 차는 동작인 그랑 바트망grand battement을 반복적으로 수행하는 것이 특징인데, 댄서들이 다리를 들 때마다 두껍고 긴 치마와 풍성한 속치

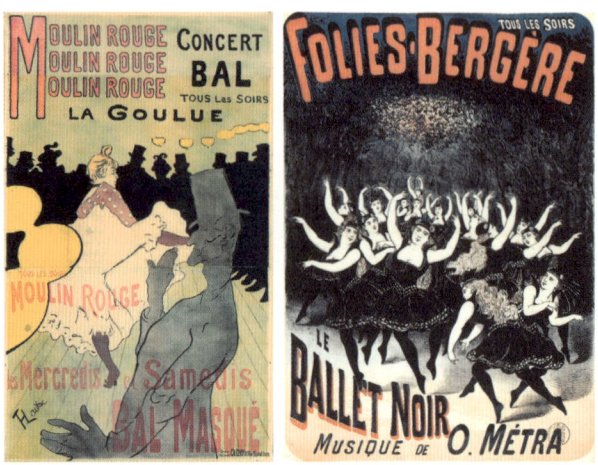

「물랭 루주, 라 굴뤼」(1891, 왼쪽)와 「발레 누아르」(1882-1888, 오른쪽), 툴루즈 로트레크.

「매일 저녁 폴리 베르제르 주쥬 발레」(1880-1900, 왼쪽)와 「카지노 드 파리, 비너스 파리 발레」(1880-1900, 오른쪽), 알프레드 추브락.

마인 페티코트 사이가 아찔하게 보이는 것이 묘미다.

　　검은 타이츠를 신은 댄서들의 현란한 춤사위는 파리 사람들을 뒤흔들어놓았다. 자극적인 몸짓과 주제는 매혹적인 의상으로 화려하게 장식되었다. 캉캉 춤은 대중으로 하여금 행위와 판단력을 잠시 마비시킨 채 모든 것이 최고로 잘 돌아간다는 믿음을 주입하면서 자극적인 타락과 삶의 기쁨을 상징하는 개념이었다.[16] 그렇지만 난잡한 시대정신을 투영한 이 춤을 다르게 해석할 수도 있다. 치마를 흔들며 정숙함의 틀을 깨고, 치마 밑의 속살을 드러냄으로써 욕망을 외화한 춤. 이를 통해 파리지앵들은 여성의 해방과 함께 성적 자율권 증진의 목소리를 높였다. 카바레의 댄서들은 가히 선구적인 페미니스트라 칭할 만하다.

　　홍등가인 몽마르트르 언덕에서의 춤은 예술성보다는 대중 오락거리에 가까웠기 때문에 발레와 연관 짓기 힘든 게 사실이다. 그렇다면 카바레에서 발레가 등장했을 때, 고상한 예술로서의 발레는 어떤 상황이었을까? 실제로 발레 역사는 이 시기의 발레를 암흑기로 평가한다. 이전까지 파리에서 전무후무한 인기를 누린 낭만 발레가 시대를 따라가지 못했다는 것이다. 그렇다면 진짜 발레는 사라진 것이었을까? 다음 통계를 살펴보자. 오페라 극장에서 발레는 1820년대에서 1870년 사이 60편 이상의 작품이 제작되었던 것에 비해 이후 15년 동안에는 25편으로 줄어들었고, 1890년대에는 겨우 4편만 제작되었다. 반면, 1870년에서 1909년까지 약 40년을 통틀어보면 카바레에서는 총 250편의 팬터마임 발레와 300편의 디베르티스망을 제

「마드무아젤 에글랑팅 무용단」(1896).

「실페릭에서 볼레로를 추는 마르셀 렌더」(1895-1896).

「서 있는 무용수」(1890).

작했다.[17] 즉 세기말 파리에서 발레는 없어진 것이 아니라 물랭 루주처럼 대중적이고 상업적인 곳으로 장소를 옮겨 변모하고 있었던 것이다.

프랑스에서 발레가 대중들의 오락이 된 상황에 대해 프랑스의 무용연구가인 엘레네 라플라스 클라브리Hélène Laplace-Claverie는 춤 공연이 쇼 비즈니스처럼 된 현상이라 지적하며 프랑스 세기말 정황을 "춤의 미국화"[18]라 표현했다. 즉 19세기 말 산업계의 변화와 맞물려 특정 계층에 한정되었던 고상한 오페라 극장에서 활기찬 대중 무대로 장소를 옮기고, 시적인 무대에서 화려하고 감각적인 무대로 형태를 새로이 한 것이다. 잃는 게 있으면 얻는 게 있는 법. 카바레의 발레는 예술성을 잃은 대신 대중성을 얻은 셈이다.

로트레크의 또 다른 대표작 「분홍색 스타킹을 신고 앉아 있

「분홍색 스타킹을 신고 앉아 있는
무용수」(1890).

는 무용수」는 이 시기의 발레를 함축적으로 담아내고 있다. 일단 제
목 그대로 분홍색 스타킹을 신고 앉아 있는 댄서의 모습이 보인다.
발레리나의 일상적인 포즈로 볼 때, 공연을 마치고 무대 뒤에서 휴
식을 취하고 있는 듯하다. 복장은 얼마나 심심한지, 자수나 리본 장
식 하나 없이 밋밋한 연습복 수준이다. 그런데 발레리나의 분위기가
그다지 활기차 보이지 않는다. 힘이 풀려 벌어진 다리와 그 위에 무
심히 기댄 팔꿈치, 어딘가 분명치 않은 시선까지…….

　　지친 듯한, 또 외로운 듯한, 그래서 헛헛한 마음을 가눌 길 없
어 보이는 여성이다. 쓸쓸하기 그지없는 그녀의 모습은 발레의 처지
와 닮았다. 왕실의 전폭적인 지지를 받으며 귀족과 상류층의 전유

「분홍색 의상의 무용수들」(c. 1905), 장 루이 포랭.

무대의 조명이 꺼지지 않은 틈, 분홍빛 튀튀를 입은 여섯 명의 무용수가
막 사이에 기대어 서 있다. 한 명은 끈 풀린 슈즈를 고쳐 매며 고개를 떨구고,
다른 이들은 휴식을 취한다. 관객의 환호가 가라앉은 자리에 남은 것은
무용수의 들숨과 날숨이다. 포랭이 포착한 이 순간은 무대 위에서 환영이었던 이들이
사람으로 되돌아온 시간이다. 공연이 끝나면 후원자들은 다시 등장하리라.
지금 커튼 뒤에서 발레리나는 꿈을 살고 있는가, 아니면 그 꿈의 무게를 견디는 중인가.

물이었던 영광을 뒤로한 채, 카바레의 발레는 쾌락과 난잡한 생활을 즐기는 서민들의 여흥거리로 전락했으니까.

그렇다면 화가의 시선은 어떠한가? 그림에서는 서늘함보다는 오히려 따뜻한 온도와 부드러운 감촉이 느껴진다. 로트레크는 댄서들의 삶을 폄훼하거나 과장하지 않고 직시했다. 발레가 대중극이 호황을 이루던 시류에 편승했을지라도, 또 오페라 극장의 발레리나들이 일자리를 찾아 카바레에 왔을지라도 결코 빼거나 보탬이 없다. 로트레크는 섣불리 감정을 드러내지 않고 덤덤하지만 애정이 담긴 시선으로 발레리나를 바라본 것 같다. 그래서일까? 그림 속 여인이 애처롭기까지 하다. 이 작품은 1997년 뉴욕 경매에서 1,320만 달러(약 147억 원)에 낙찰돼 그때까지 로트레크 작품 중 최고가를 기록했는데, 이처럼 간결한 그림에서 느껴지는 복잡 미묘한 감정과 색깔이 한몫한 게 아닐런지.

댄서들의 매혹적인 춤이 쉴 새 없이 펼쳐지던 파리의 밤거리, 그리고 파리지앵들의 흥을 돋우기 위해 등장한 쇼 상품으로서의 발레. 이 모든 걸 예술적 이상이 결여된 발레라고 치부해버리기엔 놓치는 것이 너무나도 많다. 100년 전 파리의 발레는 무거운 왕관을 내려놓고 일찌감치 문화산업이라는 소용돌이를 만들어내고 있었다. 무엇보다 카바레의 발레를 소중히 여기고 싶은 이유는 서민들의 희로애락을 함께할 정도로 가장 대중적인 발레였기 때문이다. 그 시절은 정말 발레가 대중의 삶 가까이에서 살아 숨 쉬던 시절이었다.

무대와 객석이 분리되고 무대 정면은 직사각형이 되다

매캐한 담배 연기와 코를 찌르는 알코올 냄새로 가득한 카바레를 지나, 이번엔 고상하고 장엄한 오페라 극장으로 들어가보자. 오늘날 오페라와 함께 클래식 발레가 공연되는 대형 극장은 무대와 객석이 구분되어 있고, 무대의 정면은 액자처럼 직사각형 프레임이 있는 모습이다. 이러한 극장을 프로시니엄Proscenium 무대라 한다. 프

「오베르 거리에서 본 오페라 가르니에, 1880년경」(1880-1885), 레오나르 소르펠트.

「파리 오페라 가르니에 앞의 마차와 군인들」, 에드몽 모랑.

로시니엄은 현실과 다른 환상의 세계를 무대 위에 펼치기 위해 고안되었다. 무대 공
간은 원근법을 기반으로 구성되어 있어 무대 앞쪽과 뒤쪽 공간이 나타나며, 관객
의 시야를 고려하여 객석은 무대 쪽에서 멀어질수록 경사가 높아지는 것이 특징이
다. 공중을 나는 장면이나 빠른 장면 전환 같은 스펙터클한 무대 연출에는 대형 기
계 장치가 필요했으며, 이러한 장치는 무대를 둘러싼 액자형 프레임 뒤로 자연스럽
게 감출 수 있었다. 즉 프로시니엄 무대는 마치 관객이 한 폭의 그림을 바라보듯, 연
극적 공간을 감상하게 만드는 구조다. 최초의 프로시니엄 극장은 1617년 이탈리아
에 지어진 파르네세 극장Teatro Farnese이다.

그러나 발레가 처음부터 극장에서 공연된 것은 아니었다. 일단 발레가 프랑스 궁

「옛 오페라 하우스의 무용수들」(c. 1877), 에드가르 드가.

정에서 태어났을 때, 발레는 극장이 아닌 궁정에서 추어졌다. 이 시기 발레는 귀족들의 권력 과시이자 사교 수단이었기 때문에, 감상자와 공연자의 경계가 뚜렷하지 않았다. 베르사유 궁전의 커다란 홀과 정원을 넘나들며 즐기는 궁정의 사치스러운 축제 형식이었다. 그러던 프랑스의 궁정 발레가 극장으로 옮겨 간 데는 왕립 무용학교의 영향이 크다. 아카데미에서 발레 교육이 발전하고 스텝이 복잡해짐에 따라 발레가 아마추어 귀족들이 아닌 전문(직업) 무용수의 영역으로 이동한 것이다. 그리하여 발레는 점차 관객을 위해 공연되는 극장 예술의 형태를 갖추게 된다. 무대는 바뀌었

「코벤트 가든 극장」(1808), 오거스터스 찰스 푸긴.

현재 로열 오페라와 발레단의 본거지인 로열 오페라 하우스는 1808년, 1856년에 발생한 화재로 인해 세 번째로 지어진 극장이다. 그림은 1808년 화재 이전 최초의 극장 내부 모습이다.

지만, 여전히 아폴론의 후예들이 빛나는 조명을 받으며 무대 위를 날았다.

발레가 프랑스 궁정을 떠나 본격적인 극장 예술로 정착할 무렵, 그 영향은 유럽 전역으로 퍼져나갔다. 영국에서는 1732년 런던에 개장한 코벤트 가든 극장, 이탈리아에서는 1778년 밀라노에 건축된 라 스칼라 극장에서 발레가 공연되었다. 파리의 발레는 1794년에 문을 연 리슐리에 오페라 하우스에서 공연되었는데, 이 극장이 1820년에 암살 사건으로 인해 철거되자 1821년부터 임시 공간으로 지어진 르 플르티에 오페라 하우스에서 공연을 이어갔다. 그리고 1873년 르 플르티에 오페라 하우스가 화재로 소실되면서 1875년에 오페라 가르니에 극장이 지어졌다.

「런던 세인트 제임스 극장의 내부」(1835), 존 그레고리 크레이스.
1835년에 개장한 런던 세인트 제임스 극장은 1957년 철거되었지만
이 그림은 당시 오페라 극장의 객석이 얼마나 화려했는지 잘 보여준다.

오페라 가르니에는 가스통 르루의 소설 『오페라의 유령』(1910)의 배경이 되면서 오늘날 루브르 박물관, 노트르담 대성당과 같은 파리의 랜드마크가 되었다. 1875년 1월 5일, 오페라 가르니에 개관식에서는 여러 편의 오페라에서 발췌한 장면들과 발레 「해적Le Corsaire」 중 하이라이트 장면이 공연되었는데, 공연보다 관객들을 흥분시킨 것은 이 건축물의 웅장함과 화려함이었다. 오페라 가르니에 내부에 있는 거대한 중앙계단은 빨간색과 녹색 대리석으로 된 난간과 흰색 대리석으로 된 층계로 이루어졌다. 중앙에서 양쪽으로 갈라지는 계단은 서로 다른 로비로 이어진다. 이 밖에도 오페라 가르니에에는 금빛으로 번쩍이는 드넓은 휴게실, 빨간 벨벳 카펫으로 꾸며

「그랜드 오페라 하우스 가면무도회」(20세기 초), 가스통 라 투슈.
발레가 공연된 오페라 극장은 무대이자 사교장이었다. 가스통 라 투슈는 황금빛 붓
터치로 환상의 순간을 남겼다.

진 객석, 비잔틴 스타일로 디자인된 대형 크리스털 샹들리에가 있으며, 건물 외관과
내부에는 수많은 그림, 모자이크, 조각들이 빼곡해 가장 화려한 오페라 극장이라 할
수 있다. 건축가 샤를 가르니에Charles Garnier가 "나폴레옹 3세 양식"이라 정의한 극
장의 스타일은 바로크, 르네상스, 로코코 양식 등을 집대성한 것이었다. 당시 오페라

「오페라 가르니에의 계단」(1877), 루이 베로.

가르니에는 파리에서 가장 비싼 건물이었다고 한다. 외관만 하더라도 14명의 화가와 73명의 조각가가 참여해 장식했을 정도다. 이처럼 오페라 가르니에의 장식적 화려함은 루이 14세 시대 궁정 발레의 전통을 계승하는 동시에, 제3공화국의 경제적 자신감과 문화 권력을 한데 응축한 결과였다.

6장

표트르 대제의 카브리올,
안나 여제의 제국발레학교

발레의 제국 러시아는 어떻게 탄생했는가

춤을 죄악시하던 땅은 어떻게 무용의 제국이 되었는가? 누가 무대 위 질서를 만들었고, 어떤 손이 러시아인의 몸을 유럽인처럼 훈련시켰는가? 그 시작은, 한 황제의 카브리올cabriole이었다. 그리고 두 여제가 만든 무용학교였다.

러시아 무대의 첫 장은 1673년 2월, 모스크바 근교의 어느 작은 마을 프레오브라젠스코예Preobrazhenskoye에서 열렸다. 그날, 독일 무용단이 공연한 「오르페우스와 에우리디케The Ballet of Orpheus and Euridice」는 러시아 발레 역사상 가장 오래된 기록으로 남아 있다. 황제 알렉세이 미하일로비치(재위 1645~1676)의 명으로 7일간 계속된 이 공연은 발레가 처음 러시아 땅을 밟은 순간이었다.[19] 하지만 그 춤은 알렉세이 황제의 죽음과 함께 사라졌다. 그 후 오랫동안, 러시아는 춤추지 않는 나라였다.

그 공백을 메운 인물이 바로 러시아의 근대화를 이끈 표트르 대제(재위 1682~1725)였다. 그는 러시아를 다시 춤추게 만든 황제였다. 17세기 말까지 러시아는 유럽에서 문화적으로 가장 뒤처진 국가 중 하나로 여겨졌다. 유럽 각국이 르네상스, 종교개혁, 과학혁명 등으로 근대적 사회 구조와 문화를 형성해가던 동안, 러시아는 정교회의 권위 아래 종교적 예술에만 몰두했다. 춤은 농민들의 여흥일 뿐이었고, 악기는 죄악으로 여겨졌다. 궁정 무도회는 존재하지 않았으며 예법으로서의 무용 역시 러시아엔 없었다.[20] 이러한 문화적 고립을 깬 표트르 대제는 어려서부터 외국인과 교류하며 서구 문물에 익숙했고, 1697년에는 250명의 사절단을 이끌고 유럽을 순방한 최초의 차르가 되었다. 선진 문명을 직접 체험한 그는 군대, 산업, 교육, 행정, 예술에 이르기까지 러시아 전반을 서구화하는 개혁을 단행한다. 이는 문화 수용의 수준을 넘어선, 유럽과 대등한 제국으로서의 자기 선언이었다.

발레는 서구화 정책의 일환으로 수입된 문화였다. 표트르 대제는 자신이 펜싱과 무용 교습을 받았을 뿐 아니라, 러시아인들도 유럽인처럼 움직이고 춤출 수 있어야 한다고 보았다. 이를 위해 서구식 의복 착용, 수염 제거, 역법 개정, 신년 제정, 신문 창간, 대학 설립 등과 같은 전방위 개혁을 감행했으며, 춤과 예절을 사교계 입문의 조건으로 규정했다. 그는 상트페테르부르크라는 유럽식 신도시를 창설했고, 페테르고프 궁전은 프랑스의 베르사유 궁전을 모델로 지어

「표트르 대제」(1750), 야코포 아미고니.

졌다. 표트르 대제는 궁정 무도회를 열고 몸소 무대에 서기도 했다. 또한 프랑스어를 모르는 신하들에게 프랑스어와 춤을 배우도록 지시했고, 연회 참석은 귀족들의 의무가 되었다. 당대의 기록에 따르면, "차르는 유럽 최고의 무용수가 감탄할 만큼 멋진 카브리올을 선보였다."[21]고 한다.

표트르 대제는 프랑스의 루이 14세를 자신의 롤모델로 삼았고 유럽을 벤치마킹한 국가 시스템을 갖추었다. 1722년에는 독일식 신분 제도를 바탕으로 '신분 일람표'를 제정했으며 귀족의 자제들은 프랑스·이탈리아 무용 교사에게서 춤을 배워야만 했다. 무용은 표트르 대제에게 예술이라기보다 국가적 위계와 교양을 학습하는 예

1738년에 제국발레학교를 설립한 안나 이바노브나 여제의 초상(18세기 초중반).

법이었다. 그렇게 러시아 발레는 제국의 근대성과 권위를 입은 채 궁정으로 걸어 들어왔다.

그 질서를 제도화한 이는 안나 이바노브나(재위 1730~1740) 여제였다. 러시아 일반사에서는 큰 영향력을 남기지 못했지만, 발레사에서 그녀의 이름은 매우 특별하다. 그녀는 러시아에 발레를 본격적으로 이식한 인물이자, 무엇보다도 발레 교육의 틀을 만든 사람이었다.

1734년, 안나 여제는 프랑스 출신의 발레 마스터 장 바티스트 랑데(Jean-Baptiste Landé)를 초빙해 제국 학군단 소속 사관 후보생들에게 무용 교육을 시켰다. 그 결과는 예상보다 훨씬 인상 깊었고, 그녀는 1738년 공식적으로 제국발레학교 설립을 허가했다.[22] 24명의 하인 자녀들로 시작된 이 작은 학교는, 오늘날 러시아 발레의 성지로 여겨지는 바가노바 발레학교의 기원이 되었다. 흥미로운 점은 이 학교가 군사 교육 기관의 연장선에 있었다는 것이다. 당시 제국발레학교의 남학생들은 해군사관학교 학생들과 유사한 복장을 했고, 그들의 유니폼에는 아폴론의 리라가 새겨져 있었다. 이는 '군대식 훈련과 조직화'[23]라는 러시아 무용수들의 전통적인 단련 방식을 탄생시켰고, 그 유산은 오늘날까지 이어지고 있다. 바가노바 발레학교의 엄격한 통제 시스템, 학년별로 세분화된 교육 체계, 선후배 관계와 사제 관계에 존재하는 서열 중심의 구조 등은 강한 군대식 위계와 규율 그 자체다.

1736년, 안나 여제는 또 한 명의 인물을 무대에 불러들인다. 이탈리아 출신 안토니오 리날디Antonio Rinaldi는 황후의 생일 축하연에서 「사랑과 증오의 힘Force of Love and Hatred」이라는 작품을 안무했는데, 이 공연은 오페라와 발레를 결합한 형식으로 큰 반향을 일으켰다. 이후 리날디는 희극 발레 단체를 이끌며 1750년대 중반까지 제국 무대에서 활동하게 된다. 이로써 러시아 발레는 두 개의 축을 갖게 되었다. 하나는 랑데에 의해 발전된 미뉴에트 기반의 진지한 프랑스식, 다른 하나는 리날디에 의해 도입된 코메디아 델라르테:3 양식의 이탈리아식이었다. 이 두 스타일은 이후 러시아 발레 형식의 복합성과

:3 코메디아 델라르테(Commedia dell'arte)는 전문 배우들에 의해 연기되는 즉흥 희극으로, 16세기 이탈리아에서 시작된 가면극 형식의 대중극장 전통이다. 여기서 코메디아(Commedia)는 '희극'을, 델라르테(dell'arte)는 '기예'를 의미한다. 여기서 아르테(arte)는 예술이 아니라 직업적 기술(skillful craft)의 의미에 가깝다.

러시아 발레를 예술의 경지로 끌어올린
예카테리나 2세(1794년 무렵).

예술적 다양성의 기반이 되었다.

그 흐름을 제도적 정점으로 끌어올린 인물은 예카테리나 2세
(재위 1762~1796)였다. 그녀의 치세 동안 러시아는 정치적으로 안정되었
고, 귀족 계급은 문화와 사교를 통한 위신의 과시에 집중했다. 상트
페테르부르크와 모스크바는 궁정과 저택, 연회와 무대가 어우러진
사교의 도시로 변모했고, 발레는 예법이나 훈련을 넘어선 하나의 예
술로 자리 잡기 시작했다.

1766년, 예카테리나 2세는 제국 감독 장관 직위를 창설하고,
수도 상트페테르부르크에 세 곳의 국립 극장을 공식 설립했다. 이는
러시아에서 발레가 독립된 극장 예술로 발전하는 데 결정적인 전환

점이 되었고, 그중 하나가 훗날 마린스키 극장으로 이어지는 기관이었다. 이 극장은 1860년 알렉산드르 2세 황후의 이름을 따서 '마린스키 극장Maryinsky Theatre'이라 불렸고, 소비에트 시기에 '키로프 극장Kirov Theatre'이라는 이름을 거쳐 오늘날 마린스키로 복원되었다.

예카테리나 2세의 문화 정책은 상트페테르부르크에 국한되지 않았다. 보수적인 기풍이 강했던 모스크바에도 발레 교육과 극장을 도입하려 했다. 1773년, 그녀는 고아원 아이들의 무용 교육을 위해 이탈리아 무용수 필리포 베카리Filippo Beccari를 초청했고, 이 시도는 훗날 볼쇼이 발레학교와 볼쇼이 극장의 모태가 된다. 당시 모스크바의 발레 공연은 페트로프스키 극장에서 이뤄졌는데, 이후 개축과 화재를 거쳐 1825년 오늘날의 볼쇼이 극장Bolshoi Theatre으로 재탄생했다. 즉, 오늘날 세계 최고 수준으로 평가받는 마린스키 발레단과 볼쇼이 발레단은 모두 예카테리나 여제의 문화 정책에서 기틀을 마련한 것이다. 이 시기, 발레는 국가의 품격을 상징하는 예술로 공인되었다.

하지만 제국이 만든 발레단의 뿌리는 도시가 아니라 러시아 시골에 있었다. 부유한 귀족들이 자신들의 영지에서 운영하던 '농노 극단'이 그것이다. 18세기 후반, 러시아는 유럽 5대 열강에 포함되었지만 여전히 농노제를 기반으로 한 농업국가였다. 예카테리나 2세가 국가 봉사의 의무에서 귀족들을 해방시키자, 그들은 너도나도 영지에 극장을 세우고 궁정 극장을 흉내 낸 발레와 오페라 공연을 올렸다. 그중 니콜라이 P. 셰레메테프Nikolai P. Sheremetev 백작은 100만 명의

「러시아 무용수들」(1899), 에드가르 드가.

농노를 거느리며 무려 8개의 극단을 보유했다고 전한다.[24] 이 농노 극단들은 뛰어난 기량과 예술성으로 주목받았으나, 19세기 중반 전쟁과 경제난으로 대부분 해산되었다. 소속 무용수들은 국가에 헐값으로 매각되었고, 그렇게 농노 출신 예술가들이 제국 무대에 오르게 되었다. 실제로 수십 년 동안 제국 발레단의 대다수 무용수들은 농노, 고아, 하층민의 자녀들이었으며 그들은 국가의 보호 아래 교육받고 유럽식 세련미를 체화했다.[25] 국가는 이들에게 엄격한 규율과 헌신을 요구했다. 하지만 무용수들은 자신의 지위를 순응적으로 받아들였고 권위를 내면화했다. "러시아 무용수들의 권위 수용 방식, 의무감, 그리고 전통에 대한 경외심과 겸손함"[26]은 오늘날까지 이어지는 러시아 고전 발레 특유의 긴장감과 품격이라 할 수 있다.

18세기 말, 러시아 제국 무대는 여전히 외국인 발레 마스터

「러시아 무용수들」(1899), 에드가르 드가.

들의 손에 맡겨져 있었다. 1789년 프랑스에서 초빙된 샤를 르 피크Charles Le Picq는 무용수이자 안무가로서 활약하며, 제자 양성과 이론 전파에 힘썼다. 특히 그가 러시아에 소개한 장 조르주 노베르Jean Georges Noverre의 저서 『무용과 발레에의 편지Letters sur la Danse』는 '극적인 발레ballet d'action'라는 새로운 패러다임을 제시했다. 이는 발레가 기교보다는 감정을 표현하는 데 중심을 둠으로써, 발레를 막간극 수준에서 하나의 독립 예술로 끌어올리고자 한 급진적인 시도였다. 르 피크의 제안으로 러시아에 초청된 또 다른 프랑스인 샤를 루이 디델로Charles Louis Didelot는 1801년 제국 발레단의 감독으로 임명되며, 러시아 발레사에 지대한 영향을 남긴다. 디델로는 기계 장치를 활용한 공중 비상 효과, 섬세한 연극적 표현, 극적인 내러티브를 도입하며 무대예술로서의 발레를 진화시켰다. 또한 러시아를 제2의 고향으로 삼고 1837년 생을 마감할 때까지 무대를 떠나지 않았다.

　　　이 시기 러시아 사회는 격동의 조국전쟁(1812, 나폴레옹 전쟁)을 통해 민족적 자각에 불을 지폈고, 발레 역시 서서히 러시아적인 것을 탐색하기 시작했다. 러시아의 대표 시인이자 국민적 영웅인 푸시킨의 문학은 예술 전반에 러시아적 주제와 정서를 불어넣었고, 디델로는 이러한 흐름을 안무로 옮겼다. 그의 대표작 중 하나인 「불새The Fire-bird」(1822)와 「코카서스의 포로The Prisoner of the Caucasus」(1823)는 러시아 민담과 푸시킨의 시를 기반으로 창작된 초창기 러시아 발레의 실험이었다. 이는 외래 양식의 수용에서 벗어나, 러시아가 자신만의 발레 언어를 찾으려 했던 첫걸음이었다. 무용이 더 이상 궁정 예법이나 외국 스타일의 반복이 아니라, 러시아의 정체성을 담아낼 수 있는 예술로 진화하고 있었던 것이다.

　　　1825년, 니콜라이 1세(재위 1825~1855)가 즉위하면서 러시아 내부엔 반反전제주의적 기운이 싹텄고, 유럽 각국에서는 민주주의 혁명의 불씨가 번지기 시작했다. 그러나 러시아 황제는 흔들리지 않았다. 그는 "유럽의 헌병"이라 불릴 정도로 혁명 세력에 강경하게 대응했고, 그 안정성은 예술가들에게는 하나의 피난처가 되었다. 프랑스에서는 군주제가 붕괴하고 오페라 극장의 재정도 흔들리던 시기였다. 하지만 황제의 춤, 여제의 극장, 농노의 무대가 이미 단단한 토대를 다져놓은 러시아는, 오히려 위기 속 기회를 품고 있었다. 무너져 내리는 파리 오페라의 지붕 아래서 뛰쳐나온 무용수들과 예술가들은 상트페테르부르크의 화려한 극장에서 새로운 삶을 시작했다. 마

「러시아 신부의 복장」(1889), 콘스탄틴 마콥스키.

제정 러시아에서 발레는 제국 전용 극장에서 공연되는 귀족 계층의 예술이었기에,
거리 풍경이나 서민의 일상을 즐겨 그리던 당시 러시아 화가들의 화폭에는 좀처럼 등장하지 않았다.
그러나 콘스탄틴 마콥스키는 알렉산드르 2세, 3세 시기 러시아 상류층과
귀족들의 의뢰를 받아 다수의 작품을 제작한다.
그의 대표작이라 할 수 있는 이 그림은 17~18세기 러시아 귀족 가정의 혼례 전 의식 장면을
회고적으로 묘사한 것으로, 당대 상류층의 시각적 감수성과 취향을 전할 뿐 아니라,
발레가 제국의 후원 아래 귀족 사회의 예술로 발전한 맥락과 맞물린다.
특히 그림 속 전통 혼례 복식은 러시아 정체성의 상징이자,
19세기 후반 민족주의 흐름과 함께 발레 의상에도 반영되었다.
실제로 러시아풍 캐릭터 댄스나 디베르티스망 장면에서 이러한 요소들이 재구성되며
시각적 상상력의 원천이 되었다.

리 탈리오니, 카를로타 그리지, 쥘 페로, 데오필 고티에……. 이 모든 이름들이 상트페테르부르크의 무대에 오른다. 「라 실피드」와 「지젤」은 수없이 재공연되었고, 제국은 이들에게 예술적 자유와 전례 없는 후원을 아낌없이 제공했다. 당시의 보고서에 따르면, 마린스키 극장의 무용수 수는 파리 오페라를 훨씬 상회했으며, 극장 예산 중 가장 많은 비용이 발레에 투입되었다고 한다.[27]

그리고 이제, 러시아의 무대 한가운데, 프랑스 출신의 안무가 한 명이 천천히 등장한다. 그는 모든 것을 다시 쓰고, 고전주의라는 이름으로 발레를 재편할 것이었다. 무용의 제국, 러시아 발레의 진짜 전성기가 제국의 비호를 받아 마침내 시작된 것이었다.

로맨틱 튀튀, 우산형 튀튀, 그리고 접시형 튀튀

낭만주의 발레와 고전주의 발레는 각기 다른 사조와 시대에서 구축된 발레이지만, 오늘날에는 보다 넓은 의미의 '클라식'으로 불린다. 즉 '오래된 발레'라는 의미다. 그러나 두 발레에는 여러 차이점이 있는데, 가장 쉬운 구분법으로는 발레리나의 의상 이야기를 빼놓을 수 없을 것이다. 발레를 떠올릴 때 가장 먼저 생각나는 이미지는 단연코 '튤tulle 스커트'다. 그러나 우리가 흔히 보는 접시처럼 평평한 튀튀는 고전주의 발레의 산물이며, 그보다 앞선 낭만 발레 시대에는 지금보다 훨씬 부드럽고 길게 늘어진 로맨틱 튀튀를 입었다.

로맨틱 튀튀의 기원은 1832년, 파리 오페라 발레단에서 마리 탈리오니가 「라 실피드」의 실피드 역을 맡으며 시작된다. 그녀의 초연을 위해 화가이자 의상 디자이너인 유진 라미Eugène Lamy가 고안한 의상은, 하얀색 페티코트와 함께 무릎 아래까지 내려오는 가볍고 투명한 튤 층으로 구성되어 있었다. 이 의상은 낭만주의가 이상으로 삼았던 초월적 존재, 요정과 망령, 무중력의 이미지를 시각화하여 대중의 열렬한 호응을 받았고, 곧 로맨틱 튀튀의 전형으로 자리 잡게 된다.

하지만 '튀튀'라는 명칭 자체의 어원은 꽤 흥미롭고도 논쟁적이다. 프랑스 극작가

「무용수」(1894), 피에르 카리에벨뢰즈.

샤를 뉘테르Charles Nutter는 '튀튀tutu'라는 단어가 본래 매우 짧은 페티코트를 지칭하는 속어였다고 설명한다. 또 다른 설에 따르면, 발레 공연 중 백스테이지에서 남성 관객들이 무대에 오르기 전의 무용수들의 튤 드레스를 툭툭 치며 "pan-pan cucul" 하고(우리식으로는 '궁디팡팡' 정도) 장난을 쳤고, 이때 스커트를 부르던 은어가 '튀튀'로 굳어졌다고 한다. 이처럼 로맨틱 튀튀는 순수와 환상의 상징이면서도, 동시에 관음과 탐미가 얽힌 젠더적 시선의 기호로도 작동했다.

19세기 후반으로 접어들며 발레의 중심축이 러시아로 옮겨가자 튀튀는 또 다른

「카드게임」(1905), 피에르 카리에 벨뢰즈.

형태로 진화하기 시작한다. 마리우스 프티파(Marius Petipa, 1818~1910)가 활동하던 러시아 제정 시대의 발레에서는 조금 더 짧고 부풀어진, 그러나 여전히 밑으로 살짝 퍼지는 우산형 튀튀가 등장한다. 프티파의 「파라오의 딸」이나 「잠자는 숲속의 미녀」, 「라 바야데르」 등 대규모 무대에서는 이 우산형 튀튀가 정교한 장식과 함께 발레리나의 존재감을 극대화하는 역할을 했다.

하지만 20세기 이후, 무대 조명과 촬영 기술의 발전, 그리고 무용수들의 테크닉 향상에 따라 튀튀는 점점 더 수평에 가까운 형태로 진화하게 된다. 오늘날 우리가 흔히 보는 '접시 튀튀plate tutu'는 다리 라인을 완전히 드러냄으로써 테크닉의 완성

「무용수」(1900년 무렵),
피에르 카리에 벨뢰즈.

도를 강조하고, 신체의 비율과 미감을 극대화하기 위해 설계된 것이다. 일반적으로

8~16겹의 튤로 구성되고, 안쪽에 와이어나 가는 플라스틱을 삽입하여 형태를 고정

한다.

　　로맨틱 튀튀는 공기처럼 가볍고 부드러운 환상성을, 클래식 튀튀는 강인한 구조성

과 미학적 질서를 상징한다. 튀튀의 변화는 발레가 시대마다 무엇을 이상으로 삼았

「발레리나」(1900), 피에르 카리에 벨뢰즈.

고, 무엇을 감추고 무엇을 드러내려 했는지를 말해주는 발레사 자체의 거울이다.

이 외에도 군무의 규모, 장면 구성, 무대효과, 음악의 구성에서도 두 시대는 확연히 다른 미학을 보여준다. 낭만 발레에서는 무용수 수가 상대적으로 적고, 안개 낀 숲이나 폐허가 된 성처럼 몽환적이고 은유적인 무대가 주를 이룬다. 조명은 은은한 달빛을 연상케 하는 분위기를 조성하고, 음악 역시 서정적이며 감정의 파고를 따르는 구조를 가진다. 반면 고전 발레에서는 수십 명의 군무진이 대칭을 이루며 무대를 가득 채우고, 건축적 질서를 반영한 대형이 특징적이다. 무대장치는 화려하고 구체

「공연 후의 발레리나들」(1900년 무렵), 피에르 카리에 벨뢰즈.

적이며, 웅장한 샹들리에와 궁전, 분수 같은 실경적 배경이 자주 활용된다. 음악 또한 발레리나의 테크닉을 돋보이게 하기 위해 리듬과 템포가 뚜렷하며, 극적인 전개와 정교한 박자감이 강조된다. 따라서 두 시대의 발레의 감상 포인트는 이렇게 정리할 수 있겠다. 낭만 발레는 사랑과 환상, 이별, 죽음 같은 감성적 서사를 강조한다는 점. 반면 고전 발레는 이야기와 감정보다 형식적 질서와 테크닉의 정교함을 강조한다. 여기서의 백미는 남녀 주역 무용수의 춤 가운데, 입장 아다지오 → 남, 녀 솔로 베리에이션 → 코다로 이어지는 그랑 파드되grand pas de deux 형식이다.

7장

그 호수 위의 백조는
어디서 날아왔을까

발레 「백조의 호수」를 넘어, '백조' 설화와 낭만의 기원을 찾아서

내가 어릴 적 루치아 라카라(Lucía Lacarra, 1975~)의 백조 춤을 보고 느꼈던 황홀함은 발레의 정의 그 자체가 되었다. 나처럼 수많은 관객의 기억 속에 「백조의 호수」는 고전 발레 작품 가운데 하나라는 인식을 넘어, 발레라는 장르를 떠올릴 때 가장 먼저 연상되는 이미지가 아닐까 싶다.

발레 무대의 상징이 된 백조의 고요한 장면은 17세기 유럽의 조경예술에서 하나의 이상이었다. 정원은 자연을 인간의 미감으로 길들인 예술 공간인데, 그 정점에 백조가 배치되었다. 프랑스 베르사유 궁전의 정원을 설계한 앙드레 르 노트르Andre le Notre는 연못과 수로, 대칭적 조경을 구성한 후 마지막에 움직이는 정물로서 백조를 도입했다. 백조는 살아 있는 생명체이면서도 어떤 감정도 담기지 않

「달빛 아래 갈대밭 사이의 백조」(1852), 칼
구스타프 카루스.

는 듯한 존재이며, 그래서 인공과 자연의 경계를 매끄럽게 봉합한다.
조경의 역사에서 백조는 심미적 요소는 물론 우아함, 절제, 고결함
이라는 귀족적 가치의 시각적 은유를 품었다. 그리고 이러한 정원의
미학은 곧 18세기 풍경식 정원picturesque garden으로 전이되었다. 백조
는 조경이라는 시적 공간의 완성을 상징하고, 풍경을 완결짓는 마침
표이자, 완벽한 구도를 가진 풍경화에 살아 있는 한 획을 긋는 작업
이었다.

　　고대부터 순수, 이상, 영혼, 죽음과 부활을 상징해온 백조는
특히 낭만주의 화가들에게는 영혼의 은유로 자주 등장한다. 독일
화가 칼 구스타프 카루스(Carl Custav Carus, 1789~1869)의 그림 「달빛 아래
갈대밭 사이의 백조」(1852)에서 갈대숲과 물가라는 경계 공간에 위치
한 백조는 이 세계와 저 세계, 그리고 물질과 정신 사이를 오가는 존

재로 해석된다.

그렇다면 왜 하필 백조였을까? 그 해답은 인류의 신화적 상상력 속으로 들어가야 한다. 고대부터 백조는 이계異界의 존재, 또는 초월적 세계와 인간 세계를 잇는 매개자로 여겨져왔다. 그리스 신화에는 제우스가 백조로 변신해 레다를 유혹하는 장면이 등장하며, 켈트 문화권에서는 백조가 연인이나 시인의 정령으로 묘사되고, 슬라브 전승에서는 백조로 변한 여신이 등장한다. 가장 흥미로운 것은 동서고금을 막론하고 유사하게 나타나는 '백조 처녀 설화'이다.

이 설화의 기본 구조는 놀라울 정도로 일관된다. 하늘 또는 다른 세계에서 내려온 여인들이 물가에서 목욕을 하고 있을 때, 깃털옷을 숨긴 한 남성에 의해 지상에 머물게 된다. 그녀는 남자의 아내가 되어 자녀를 낳고 살아가지만, 언젠가 감추어졌던 깃털옷을 되찾으면 아무 말 없이 본래의 세계로 돌아간다. 이 설화는 한국의 '선녀와 나무꾼', 일본의 '하고로모羽衣 전설', 중국의 '천녀하범天女下凡', 몽골의 백조 여신 신화, 독일의 민담과 북유럽의 전설, 그리고 북미 원주민 설화까지 다양한 지역에서 발견된다. 민속학적으로 이 설화는 '깃옷을 잃은 요정Fairy who loses her garment' 유형으로 분류되는데, 그 문화적 의미는 존재론적 귀향의 충동, 자유와 속박, 인간과 초자연의 경계에 대한 사유를 포함한다. 특히 백조가 깃털옷의 형태로 등장하는 설화에서는 백조의 이미지가 아름다운 새를 넘어 초월적 가치로서의 탈피와 회귀의 상징으로 기능한다는 점에서 주목할 만하다.

이와 같은 설화적 전통은 19세기 러시아의 정서 속에서 새로

「백조」(1915), 안데르스 소른.
물가에 선 여성 누드와 백조의 병치,
발레 「백조의 호수」 속 오데트를 연상시키는
시적 이미지다.
잔잔한 자연 속에서 유영하는 백조와
정지된 여성의 자세가 발레의
신화적 여성성과 우아함을 회화적으로 재현한다.

운 예술 형식으로 재탄생하게 된다. 1877년, 모스크바 볼쇼이 극장에서 초연된 차이콥스키의 발레 「백조의 호수」는 바로 이 백조 처녀 설화의 변형 위에 세워진 서사다. 오데트는 마법에 걸려 백조로 살아가고 지그프리트 왕자는 그녀를 구하려 하지만, 결국 두 사람은 죽음을 통해서만 재결합할 수 있다. 이 작품은 전통 설화의 비극적 구도를 계승하면서도 러시아 특유의 운명론적 아름다움과 죽음을 통한 정화의 미학을 덧입혀 새로운 감성적 서사를 구성한다. 「백조의 호수」는 형식적 가치를 강조한 고전주의 발레의 대표작이지만, 단지 백조의 환상적인 군무나 테크닉을 보여주는 무대가 아니다. 그것은 조경의 마지막 붓질처럼 완결된 시각 예술이며, 동시에 설화의 심층 구조를 바탕으로 형성된 상징 체계이다. 백조는 정원에서는 '완성'을 의미했고, 설화에서는 '귀향'을, 그리고 무대 위에서는 '이루어질 수 없는 욕망'을 상징한다. 이 삼중의 의미가 무대 위에서 만나 하나의 발레로 재창조되는 순간, 관객은 시각과 감정, 신화와 현실의 복합적 층위 속으로 이끌리게 된다.

그러므로 17세기 유럽 조경 예술 속 백조의 상징성, 그리고 깃털옷을 입은 선녀 설화와 같은 민속적 이야기들까지 거슬러 올라가면, 발레 「백조의 호수」는 '백조'라는 형상의 문화적 층위를 무대 위에 농밀하게 펼쳐낸 시각적 신화에 가깝다. 이제 우리는 문화사적 맥락 안에서 백조라는 상징이 어떻게 재해석되고 전유되어왔는지를 통해 다시 바라볼 수 있다.

「백조의 호수」는 네 명의 인물을 중심으로 이야기를 펼친다. 오데트Odette는 순백의 이상이자 자유를 빼앗긴 존재이며, 지그프리트Siegfried 왕자는 현실과 환상의 경계에서 방황하는 낭만적 주체다. 오딜Odile은 오데트의 형상을 흉내 내는 흑조이며, 로트바르트Rothbart 는 사랑을 시험하고 무너뜨리는 마법사이다. 이들은 하나의 정념이자 상징으로 기능한다. 네 인물 사이의 갈등과 긴장은 곧 백조라는 이미지 안에 내재된 욕망, 억압, 이상, 파멸의 기표들이 충돌하는 장면이다. 그러나 이 복합적인 상징이 처음 무대에 올려졌을 때, 반응은 의외로 냉담했다. 1877년 모스크바 볼쇼이 극장에서의 초연에서 차이콥스키의 음악은 "너무 교향악적"이라며 혹평을 받았고, 레이징어Julius Wentsel Reisinger의 안무는 음악의 정서를 담아내지 못했다는 평가를 받았다. 당시 무용은 선율을 따라가는 데 익숙했을 뿐, 음악과 독립적으로 긴장하거나 대화를 시도하지 않았다. 하지만 차이콥스

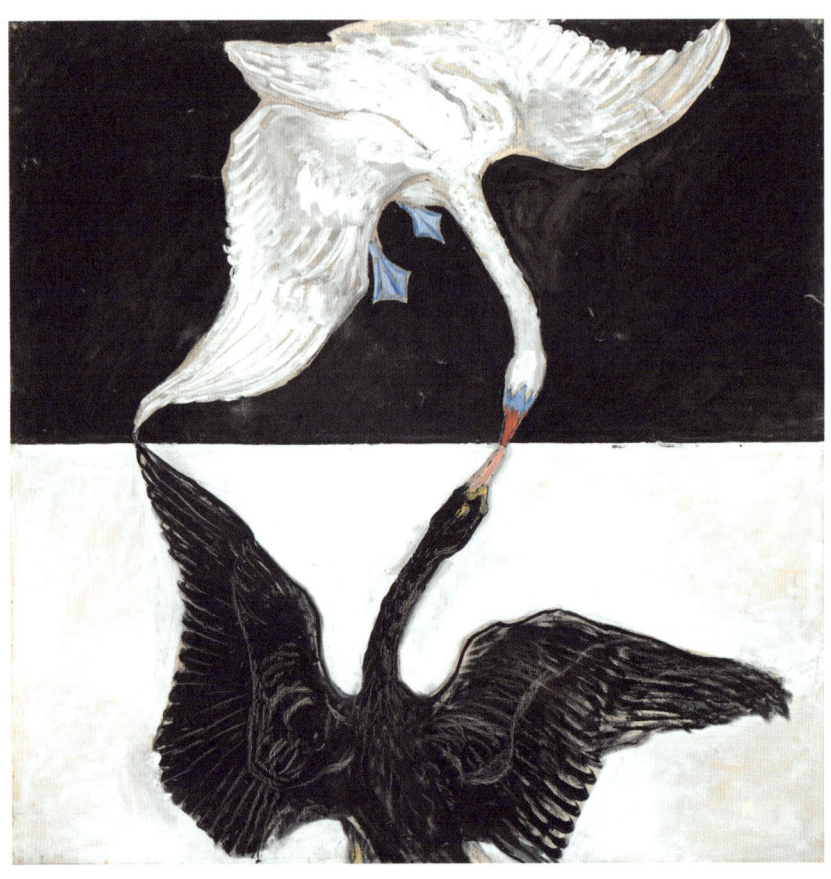

「백조 1번」(1915), 힐마 아프 클린트.
두 마리 백조를 묘사하는 힐마 아프 클린트의 그림.
검은색(수컷, 노란색 부리), 흰색(암컷, 파란색 얼굴과 발)의 뚜렷한 대비는
빛과 어둠, 남성과 여성, 삶과 죽음의 이중성을 강조한다.

「그늘 속의 분수」, 가스통 라 투슈.
가스통 라 투슈의 그림은 현실의 정원이면서도
「백조의 호수」 속 지그프리트가 오데트를 처음 목격하는 순간의
감정을 닮았다. 황혼빛 정원 속에서 물결 위로 부서지는
분수의 빛과 그 주변을 맴도는 백조들의 곡선,
왕자의 마음을 유혹하기에 더할 나위 없이 아름답지 않은가.

키의 음악은 살아남았고, 훗날 마리우스 프티파와 레프 이바노프Lev Ivanov에 의해 다시 생명을 얻게 된다.

1895년, 상트페테르부르크 마린스키 극장에서 프티파와 이바노프는 「백조의 호수」를 재구성한다. 이바노프는 물결처럼 흐르는 군무와 고요 속 파동을 표현한 2막과 4막의 호숫가 장면을 창조했고, 프티파는 1막과 3막을 구성하며 구조적 완결성과 드라마틱한 흑조 파드되를 완성했다. 이 두 사람의 재안무는 한 작품의 재해석이 아니라, 고전 발레 형식 그 자체를 정립한 사건이었다. 「백조의 호수」

는 러시아에서 국민 발레로 자리 잡았고, 키로프(오늘날 마린스키)와 볼쇼이의 무대는 백조 군무의 정밀함과 절제미를 극한까지 밀어붙이는 전통의 본거지가 되었다.

무용수는 백조가 되기 위해 훈련하고, 백조는 무용수가 되기 위해 신화 속에서 걸어 나왔다. 「백조의 호수」가 시대를 초월해 사랑받는 이유는, 이 상징이 시대에 따라 끊임없이 해석되고 재구성될 수 있기 때문이다. 백조는 변하지 않지만, 해석은 언제나 새롭다. 이처럼 「백조의 호수」는 신화와 설화, 낭만과 비극이 고요한 호숫가의 군무 안에 겹겹이 싸여 있는 작품이다. 많은 이들이 백조 처녀의 이야기에서 감동을 받고, 오데트와 지그프리트의 사랑에 마음 아파 한다. 하지만 이 서사 속에는 언제나 어둠이 있다. 바로 로트바르트, 그리고 오딜. 이 악당들은 무대를 더욱 빛나게 하는 필수적인 그림자이다. 그런데 원형 설화인 '백조 처녀 이야기'에는 이토록 뚜렷한 악역이 없다. 그렇다면 「백조의 호수」에는 왜 이런 강력한 대립 구조가 필요했을까?

첫 번째 이유는, 설화의 운명이 무대에서 인격으로 구체화되었기 때문이다. 백조 처녀 설화는 하늘에서 내려온 선녀가 인간과 사랑에 빠지지만, 결국 깃털옷을 되찾고 하늘로 돌아가는 이야기다. 이 슬픈 정조는 이루어질 수 없는 사랑이라는 운명 그 자체에 기반한다. 여기에는 악인이 없다. 그러나 발레는 정서만으로 완성되지 않는다. 무대예술은 갈등을 필요로 하고, 감정을 시각화할 긴장 장치를 요구한다. 그래서 등장한 인물이 바로 로트바르트다. 그는 마법

「무용수들」(1896), 피에르 보나르.

이 그림은 무대 위에 하얀 튀튀를 입고 정렬한 발레리나들의 군무 장면을 담고 있다.

흰색 의상과 단체 구성, 정교한 대열은 「백조의 호수」 2막에 등장하는 '백조 군무'를 떠올리게 한다.

이 그림은 비록 특정 작품을 묘사한 것은 아니지만, 구도의 리듬과 부드러운 색채를 통해

무대 위 군무의 감각적 아름다움과 순간의 긴장을 회화적으로 포착했다.

사라는 설정을 통해 오데트의 자유를 가로막는 억압의 상징이자, 지그프리트의 사랑을 시험하는 운명의 얼굴이다. 로트바르트는 무대를 흑과 백, 자유와 구속, 빛과 그림자로 분할하며 백조의 순결함과 지그프리트의 결단에 더 큰 무게를 실어준다.

더 흥미로운 캐릭터는 오딜이다. 그녀는 로트바르트가 만들어낸 가짜 오데트로서 지그프리트를 유혹한다. 그리고 「백조의 호수」에서는 전통적으로 오딜과 오데트를 동일한 무용수가 연기한다. 이 설정은 오딜이 오데트의 그림자이며, 내면에 숨어 있는 또 다른 자아의 형상이라는 해석을 가능케한다. 오데트가 순결하고 희생적인 사랑을 상징한다면, 오딜은 관능적이고 유혹적이며 자기 파괴적 욕망을 드러낸다. 이 대비는 선과 악의 구도처럼 극적이지만 한편으론 인간 내면에 공존하는 모순된 감정들, 이를테면 사랑과 욕망, 진실과 환상, 순결과 파멸 사이의 긴장을 무대 위에 실현하는 시적인 장치로 기능한다.

이러한 해석은 안무가 루돌프 누레예프(Rudolf Hametovich Nureyev, 1938~1993)에 의해 더 뚜렷해졌다. 그는 로트바르트를 지그프리트의 내면에 있는 그림자로, 오딜을 오데트의 이면으로 해석했다. 백조 군무는 왕자의 무의식이 투영된 상징극으로 재구성했다. 따라서 지그프리트의 섬세한 움직임이 누레예프 버전의 백미다. 이는 무대 위에 상징주의와 프로이트적 심리학을 불어넣은 시도였다. 다시 말해 「백조의 호수」의 갈등은 외부로부터의 침입이 아니라 인물들 내면의 균열에서 비롯된다. 이것은 고전 비극의 구조와도 맞닿아 있다. 인물

들은 운명에 휘둘리는 수동적 존재가 아니라, 자신의 내면과 싸우는 주체가 되는 것이다.[4]

결국, 「백조의 호수」에 악당이 존재하는 이유는 단순한 극적 장치 때문이 아니다. 로트바르트는 오데트의 저주를 인격화한 존재이며, 오딜은 욕망이라는 거울을 들이민다. 이들이 있음으로써 백조의 날갯짓은 더 절박해지고, 침묵 속의 춤은 더 많은 것을 말하게 된다. 이처럼 「백조의 호수」는 고전의 외피 속에 인간 내면의 가장 깊은 대립을 품은 작품이다.

---

[4] 또 하나, 2018년 로열 발레단에서 리암 스칼렛(Liam Scarlett)은 또 다른 채색을 시도했다. 이 버전은 우리에게 익숙한 환상적 동화를 과감히 걷어내고 현실의 냉기와 질서를 들여온다. 무대 위에는 군복을 입은 지그프리트가 서 있었다. 훈련된 자세, 절도 있는 몸, 그 어딘가에 눌린 감정의 그림자가 겹쳐졌다. 궁정은 제도이며, 감시였고, 왕자라는 젊은 청년이 자유를 상상할 수 없도록 조율된 공간으로 제시된다. 그 호숫가에서 그는 처음으로 질문한다. '나는 누구이고, 무엇을 바라고, 어디로 가야 하는가.' 3막의 오딜은 대답이었다. 불현듯 던져진 유혹이라기보다, 시대와 청년이 만들어낸 매혹의 정수라고 할 수 있다. 그녀는 눈앞의 환상으로 다가와 지그프리트의 욕망을 명확히 드러나게 한다. 그 선택의 결과는 언제나 그랬듯, 비극이다. 하지만 그 비극은 마법에 걸려서라기보다 너무 현실적이라서 더 비극적으로 다가온다. 이렇듯 발레는 고정된 테크닉의 향연이 아니라, 예술가의 존재론적 고백의 장으로 읽힐 수 있다.

콜롬빈에서 할리퀸까지, 익살과 해학의 계보

「백조의 호수」 1막. 왕자의 생일잔치가 한창인 무대 위로 유난히 가벼운 발놀림과 재치 있는 점프를 선보이는 인물이 등장한다. 일명 신 스틸러인 익살맞은 궁정 광대 (제스터jester) 캐릭터는 대체 어디서 온 걸까?

광대처럼 익살스런 캐릭터는 발레에서 꽤 자주 등장하는 인물이다. 그러나 그 계

「발레리나들과 피에로」(1912), 게오르그 리히터-뢰스니츠.

보는 하나가 아니다. 예를 들어 「백조
의 호수」 속 제스터는 중세 유럽 궁정에
서 왕을 웃기던 실존 인물 '제스터'의 유
산이다. 무대 위에서는 고난도의 테크
닉과 유머를 결합한 쇼맨십과 경쾌함이
특징이기에 기교가 탁월한 남성 솔리스
트의 역할로 자리잡았다. 반면, 할리퀸
Harlequin이나 콜롬빈Columbine, 피에로
Pierrot 같은 캐릭터는 이탈리아의 즉흥
극 코메디아 델라르테에서 유래한 가면
극 캐릭터들이다.

안나 파블로바를 위한 콜롬빈 의상 스케치
(1909), 콘스탄틴 소모프.

마리우스 프티파는 「호두까기 인형」(1892)에 할리퀸과 콜롬빈 인형을 등장시키며
이 유럽 희극 전통을 고전 발레 안으로 들여왔다. 또한 1900년에 제작한 「할리퀸의
수백만(재산)Les Millions d'Arlequin」은 러시아 제국의 전용 무대, 상트페테르부르크 에
르미타주 극장에서 프라이빗 공연으로 초연되었다. 오늘날 콩쿠르에서 자주 나오
는 '할리퀴네이드Harlequinade 베리에이션'은 프티파의 원작을 바탕으로 조지 발란친
이 1965년에 뉴욕 시티 발레를 위해 재안무한 할리퀴네이드 버전인데, 발란친은 프
티파의 버전에 현대적 감각과 테크닉을 반영해 전체를 2막짜리 스토리 발레로 재구
성했다. 여기에 등장하는 콜롬빈의 솔로 베리에이션 음악은 드리고의 원곡을 그대로
사용하지만, 안무는 보다 경쾌하고 테크니컬한 구조로 재편성되어 오늘날까지 콩쿠

「피에로와 무용수」, 피에르 카리에 벨뢰즈.

르용 레퍼토리로 각광받고 있다.

제스터, 콜롬빈, 할리퀸처럼 희극적 역할을 수행하는 캐릭터들은 대부분 작품의 중심 서사에서 비켜나 있으면서도, 때로는 분위기를 전환하고, 무대의 긴장을 조율하며, 어떤 때는 관객이 감정적으로 숨을 돌릴 수 있도록 돕는 중요한 인물들이다. 하지만 이들과 결을 달리하는 인물이 있으니, 그는 바로 피에로다. 할리퀸과 함께 코메디아 델라르테에서 유래한 익살꾼이지만, 프랑스 낭만주의 이후 그는 사랑에 실패하고 외로움에 잠긴, 고독하고 감성적인 예술가의 페르소나로 진화했다. 마치 모든

「사랑의 속삭임」, 피에르 카리에 벨뢰즈.

진지함을 조롱하는 듯한 제스터와는 정반대 위치에서 피에로는 이야기의 비극성을
더한다.

이 희극적 인물들의 계보를 한국 전통 탈춤과 비교해보는 것도 흥미롭다. 예를 들
어 양반을 풍자하고 금기를 해체하는 '말뚝이', '미얄할미' 같은 인물들은 가면과 과
장된 몸짓을 통해 권위와 위선을 전복하는 웃음의 에너지를 품고 있다. 할리퀸이 궁
정 질서 밖에서 자유를 상징하고, 콜롬빈이 지혜와 재치로 중심 서사를 비튼다면,
미얄할미 역시 성별과 나이, 계급의 경계를 넘어 감정과 욕망을 무대 위로 끌어올린
다. 문화는 달라도 역할은 닮았다.

「피에로와 무용수」(연도 모름), 장 루이 포랭.
인상주의 시대를 살았던 프랑스 화가 장 루이 포랭은 광대 피에로와 무용수의
역동적인 움직임을 푸른빛의 화면 위에 거칠고 즉흥적인 붓질로 담아냈다.
피에로라는 희극적 인물을 통해 예술가의 고독과
무대 뒤의 감정을 상징적으로 표현한다는 점에서 인상적이다.
모호하게 번져가는 형태와 흐릿한 경계는 무대 위 찰나의 순간이
꿈결처럼 흘러가는 듯한 인상을 준다.

「할리퀸 댄스」(c. 1890),
에드가르 드가.

이러한 해학의 계보는 17세기 프랑스 궁정 무용에 흡수되어 가면극적 발레로 발전했고, 이후 프랑스식 형식미와 이탈리아식 기교는 러시아 발레 형성기의 두 축으로 작용하게 된다. 오늘날 우리가 보는 고전 발레 속 제스터나 할리퀸, 콜롬빈, 피에로의 모습은 유럽 무대예술 전통이 낳은 상징적 캐릭터이며, 이야기 바깥에서 진실을 속삭이는 목소리였다.

「백조의 호수」에서조차 모든 것이 정제되고 통제된 군무 속에 단 하나 자유롭게 움직이는 몸, 그가 바로 제스터다. 이 익살맞은 존재는 관객에게 이렇게 말하는 것 같다. "이 이야기를 너무 진지하게 받아들이지 말아요. 하지만 그냥 웃고 넘기기에는, 너무 슬프지 않나요?"

「발레」(1910), 세르게이 수데이킨

ACT 2.

별들이 춤추다

무대가 열리고, 이제 별들이 춤춘다.

한 시대를 지배한 프리마 발레리나, 차르의 후원을 받았던 제국 발레,

그리고 파리의 밤을 물들인 혁신가들까지.

2막에서는 춤의 중심에 선 인물들과 그들이 만들어낸

새로운 무대의 문법을 따라간다.

우아함 너머에 존재했던 육체의 훈련, 예술과 권력의 은밀한 연대,

그리고 이국의 환상이 빚어낸 고전과 신의 풍경.

발레의 언어를 빚어낸 별들의 궤적을 따라간다.

8장

발레리나를 위한 찬사,
「지젤」

'최초의 지젤'이었던 19세기 발레리나 카를로타 그리지

언젠가 한 발레리나의 인터뷰에서 가장 하고 싶은 역할로 '지젤Giselle'을 꼽는 장면을 본 적이 있다. 발레리나가 사랑하는 캐릭터이자 작품으로서의 「지젤」. 그 이유는 무엇일까? 극적인 서사나 감정의 격렬함 때문도 있지만, 이 작품은 애초에 발레리나라는 존재를 중심에 두고 만들어진 기획작이었다. 쥘 페로Jules Perrot와 장 코랄리 Jean Coralli가 안무를 하고, 데오필 고티에가 대본을 쓰고, 아돌프 아 당Adolphe Charles Adam이 작곡한 「지젤」은 1841년 파리 오페라에서 초연되었다. 표면적으로는 사랑과 배신, 죽음과 용서를 다룬 서정적 비극이지만, 이 무대는 오롯이 발레리나 한 사람을 위한 찬사로서 기능했다.

「지젤」의 독창성이자 여주인공인 '지젤'의 독보적인 존재감은

「지젤의 주인공을 맡은 카롤로타 그리지의 초상화」(1842), 존 헨리 로빈슨.

무엇보다도 발레리나가 감당해야 하는 복합적인 연기와 테크닉에서 드러난다. 지젤은 1막에서는 자유분방하고 사랑에 빠진 시골 소녀로서의 생기와 낭만을 보여주며, 2막에서는 복수의 유령 무리인 윌리들과 함께하는 초월적 존재로 탈바꿈한다. 이처럼 극단적으로 대조되는 두 막의 감정선과 신체성을 연기할 수 있는 폭넓은 역량이 필수적이다. 죽어서도 사랑을 포기하지 않는 순수성과 희생은, 당시 이상화된 여성상과 낭만주의적 미학을 체현하는 동시에, 그 자체로 하나의 이상적 발레리나상을 구현해냈다.

그 중심에는 '최초의 지젤'로 기록된 이탈리아 출신 무용수

파니 엘슬러.

카를로타 그리지(Carlotta Grisi, 1819~1899)가 있다. 1840년대 초, 파리 오
페라는 오랜 전성기를 뒤로하고 정체와 쇠락의 시기를 맞고 있었
다. 마리 탈리오니는 상트페테르부르크로 떠났고, 파니 엘슬러Fanny
Elssler는 미국 투어 중이었으며, 루실 그란Lucile Grahn은 부상으로 무대
에서 내려와 있었다. 예술가들은 인기가 사그라든 발레보다 오페라
에 더 몰두하고 있었다. 프리마 발레리나의 부재에 대한 어느 평론가
의 표현을 빌리면, 파리 오페라는 "홀아비 같은 상태"였다. 하지만 해
가 뜨기 직전이 가장 어둡다고 했던가. 바로 이 시점에서, 한 무용수

가 무대 위로 떠오른다.

카를로타 그리지는 안무가 쥘 페로의 연인이자 뮤즈로, 1841년 2월 발레가 삽입된 오페라 무대에서 댄서로 등장해 성공적인 데뷔를 치렀다. 신임 연출가 레옹 필레Léon Pillet는 그녀의 가능성에 주목했고, 그녀를 중심에 둔 새로운 발레를 기획했다. 이 작품은 말 그대로 한 발레리나를 돋보이게 하기 위한 예술가들의 집단 창작물이었다. 먼저 안무. 페로는 주연 무용수들의 춤을 담당하고, 코랄리는 코르 드 발레(corps de ballet, 군무)를 담당했다. 그리고 음악. 아돌프 아당의 음악은 이야기의 감정선을 따라 주인공들의 테마곡이라 할 수 있는 라이트모티프를 도입함으로써 발레 전체의 극적 완성도를 높였다. 마지막으로 대본. 데오필 고티에는 독일 시인 하인리히 하이네의 산문시 『독일에 대하여Über Deutschland』에 등장하는 슬라브 전승 속 '윌리Wili의 전설'에서 영감을 받았다.

> "오스트리아의 슈타이어(Steiermark, Styria) 일부 지역에는 슬라브족에서 유래한 전통이 있습니다. 바로 밤의 무희 전통인데, 슬라브 국가에서는 윌리라는 이름으로 알려져 있습니다. 윌리들은 결혼식 날 전에 죽은 젊은 예비 신부들입니다. 불쌍한 젊은이는 무덤에서 편히 쉴 수 없습니다. 고요해진 그들의 마음과 생기 없는 발걸음에는 생전에 채우지 못한 춤에 대한 사랑이 남아 있습니다. 자정이 되면 그들은 무덤에서 일어나 길가에 무리 지어 모여듭니다. 그들을 마주치는 젊은이에게 비통함이 깃듭니다! 그는 그들과 함께

지젤이 마을 포도 축제의 여왕으로 선발되는 1막(1845).

춤을 추도록 강요당하고, 그들은 격렬한 열정을 터뜨리고, 그는 죽

을 때까지 그들과 함께 춤을 춥니다. 웨딩드레스를 입고 머리에는

꽃으로 만든 화환을 쓰고 손가락에는 반짝이는 반지를 끼고 윌리

들은 달빛 아래 요정처럼 춤을 춥니다. 눈처럼 하얀 그들의 얼굴은

젊음의 아름다움을 간직하고 있습니다. 그들은 너무나 끔찍한 기

쁨에 웃고, 너무나 매혹적으로 당신을 부르고, 너무나 달콤한 약

속의 기운을 풍깁니다."[28]

    이 장문의 묘사는 초자연적이고 애수 어린 분위기인 2막의

핵심적인 토대가 되었다. 「라 실피드」에서 요정 '실피드'가 그랬듯이,

윌리는 낭만주의적 이상과 여성의 비물질성을 상징하는 모티프로

지젤이 알브레히트 앞에 나타나는 2막(1841).

작용했다. 그러나 「지젤」은 몽환적 분위기가 평면적인 차원에 머물지 않도록, 드라마적 긴장감과 현실적인 감정을 불어넣는 장치로 1막의 활기찬 무도회 장면이 설정된다. 이는 프랑스의 대문호 빅토르 위고의 시집 『레 오리엔탈Les Orientales』(1829)에 삽입된 시 「환상Fantômes」에서 영감을 받았다. 이 시는 춤을 좋아하지만 무도회에서 밤새도록 열광적으로 춤을 추다가 죽은 15살 스페인 소녀의 이야기로, 죽음과 춤이라는 이중 이미지가 작품 전반을 감싸고 있다. 초기 대본에는 다양한 지역의 윌리들이 등장했지만, 고티에의 친구이자 극작가 및 소설가인 베르누아 드 생 조르주Vernois de Saint Georges가 이를 정리하며 고풍스러운 무도회장을 순박한 시골 마을로 바꾸고, 모든 무용수들이 흰 옷을 입는 현재의 형태로 확립되었다. 그리하여 1막의

1841년 발레 지젤에서 파드되를 추는 카를로타 그리지와 루시앙 페티파. 발레 악보의 원본 이미지(1841).

시나리오는 라인 마을의 축제로 설정되고, 2막은 고티에와 하이네의 상상력에 의해 완성된 윌리들의 밤이 되었다.

　1841년 6월 28일, 「지젤」은 오늘날 오페라 가르니에의 전신인 살 르 플르티에Salle Le Peletier에서 초연된다. 무대 위의 그리지는 순백의 영혼 그 자체로 관객 앞에 나타났고, 고티에는 그녀에게 "힘과 가벼움, 유연함과 독창성을 동시에 지닌 완전한 삼위일체"라는 찬사를 보냈다.

　그리지에게 도전장을 내민 발레리나는 파니 엘슬러(Fanny Elssler, 1810~1884)였다. 미국 순회공연을 마치고 돌아온 그녀는 1843년 3월 30일, 지젤 역에 데뷔한다. 그러나 엘슬러의 지젤은 그리지의 그

세르게이 수데이킨이 그린 지젤의 무대 스케치.
세르게이 수데이킨은 발레 뤼스와 메트로폴리탄 오페라를 비롯한
다양한 무대 작업을 통해 환상적이고 풍부한 색채를 펼쳐냈다.
이 스케치는 낭만주의 대표작 「지젤」을 위한 무대 디자인 스케치로,
마을 축제와 자연 풍경을 몽환적으로 묘사하며 「지젤」 1막의 세계를 그려낸다.
무지개와 숲, 마을 사람들의 활기찬 모습은
순수한 사랑과 비극적 운명이 교차하는 발레의 서정적인 분위기를 잘 담고 있다.

것과는 매우 달랐다. 2막에서 요구되는 초월적 우아함보다는 1막의
강한 캐릭터 연기에 집중했던 그녀의 연기에 대한 반응은 엇갈렸다.
당대 관객과 평론가들은 2막의 윌리로서의 영적 존재감이 부족하다
고 평했지만, 1막에서는 탁월한 연기로 그 부분을 상쇄했다고 평가
했다. 이처럼 「지젤」은 레퍼토리를 넘어 발레리나 개개인의 역량을
검증하고 드러내는 시험대이자 찬사의 장이었다.

당시 파리에서 공연된 다른 많은 발레 작품들이 그러했듯이,
「지젤」 역시 오래가지 못했다. 오리지널 버전은 1868년 파리 오페라
에서 마지막으로 공연되었다. 하지만 이 발레는 1842년, 상트페테르

「발레 무대 뒤」(1890), 피에르 카리에 벨뢰즈.

「발레의 아름다운 여인」(1899), 줄리어스 멘데스 프라이스.

「지젤」은 발레리나의 존재감을 통해
시작하고 완성된 작품이다.
춤을 추는 여성의 몸,
그로부터 발현되는 감정의 파동은
화가들의 마음도 움직였다.
무대의상과 포인트 슈즈를 신은
화폭 속 발레리나의 모습은
무대 위 '지젤'처럼
화가들에게 영감을 건넨다.

「발레 준비」(1909), 폴 구스타프 피셔.

부르크에서 이루어진 순회공연과 1847년에 알브레히트 역에 마리우스 프티파가 직접 출연한 공연을 계기로, 러시아 무대에 본격적으로 안착했다. 이후 프티파는 제국극장의 마스터로 임명되면서 쥘 페로 버전의 「지젤」을 러시아식 레퍼토리로 재편하게 된다. 여기서 중요한 건, 프티파가 기존의 안무를 재정리한 것이 아니라 새로운 무용수들, 즉 그 시대의 발레리나들의 신체와 스타일에 맞게 작품을 재창조했다는 점이다. 이 시기의 「지젤」은 프티파의 예술성 위에 수많은 발레리나들의 감각이 층층이 덧입혀진 결과물이다. 이런 이유에서 「지젤」은 발레리나를 위한 찬사로 존재하고, 또 발레리나가 그리는 최고의 롤모델이 되지 않았을까?

러시아에서 마리우스 프티파가 「지젤」을 개정할 때 동참하며 직접적인 영감이 된 발레리나들은 당시 러시아 제국발레단의 간판스타 인명록과 다름없다. 1884년, 첫 번째 수정이 이루어진 그해에 프티파는 마리아 고르셴코바Maria Gorshenkova를 위한 새로운 개정판을 내놓는다. 루드비히 밍쿠스Ludwig Minkus의 음악에 맞춘 1막의 파드되는 새로운 감수성과 기술적 감각을 반영했지만, 지금은 악보가 유실되어 사라진 안무로 남아 있다. 대신 '윌리들의 그랑 파(Grand Pas des Wilis, 대무大舞)' 장면의 확장을 통해 2막의 군무에 극적인 깊이를 더하며, 지젤의 죽음 이후 서사에 신비로움을 더했다. 그리고 3년 뒤인 1887년에는 이탈리아 출신의 발레리나 엠마 베소네(Emma Bessone, 1862~?)가 등장한다. 그녀의 이탈리아식 테크닉은 당시 러시아 제국 무대에 신선한 충격을 안겨주었고, 그녀의 출연으로 프티파는 다시

알렉상드르 브누아가 그린 「지젤」 배경 삽화.

한 번 안무를 개정하게 되었다.

　　이처럼 「지젤」은 고정된 고전이 아니라, 발레리나의 감성과 신체에 따라 변화하는 살아 있는 레퍼토리로 존재했다. 가장 인상적인 개정은 1889년, 엘레나 코르날바(Elena Cornalba, 1860? ~1895 이후)를 위한 것이었다. 그녀의 출연에 맞춰 작곡가 리카르도 드리고는 1막에 지젤의 솔로 파트를 새롭게 삽입했다. 이 솔로는 지젤의 순진한 감정선과 심리적 변화를 음악적으로 정교하게 표현한 구성으로 평가된다. 이후 1899년과 1903년에는 각각 헨리에타 그림알디Henrietta Grimaldi 와 안나 파블로바Anna Pavlova가 주역으로 나서며, 스테파노프 표기법 Stepanov notation을 통해 이 안무들이 공식적으로 기록된다. 파블로바 는 특히 지젤 역을 통해 낭만주의적 감수성과 신체의 서정성을 극대

무대 위의 춤, 종이 위에 그리다

    찰나의 움직임을 기록하고자 했던 열망은 19세기 말 러시아 제국발레에서 하나의 방식으로 구체화된다. 무용수 블라디미르 스테파노프(Vladimir Stepanov, 1866~1896)는 해부학과 체조, 음악 기보법의 원리를 바탕으로 새로운 기보 체계를 고안했는데, 무대 위 고전의 질서를 기록한 이 언어는 세르게예프 컬렉션The Sergeyev Collection으로 이어졌다.

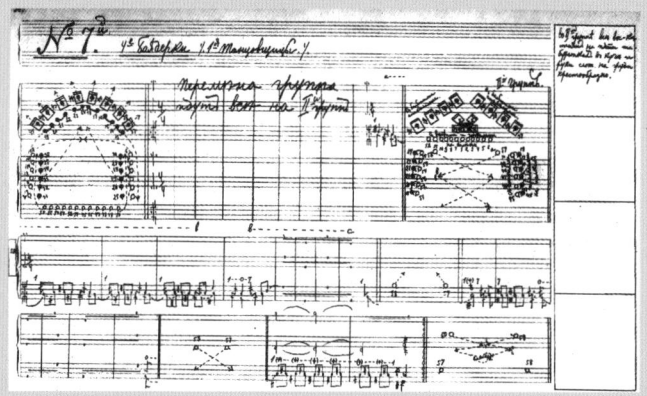

세르게예프 컬렉션에 포함된 「라 바야데르」 2막 중 '네 명의 무희의 춤' 안무를 기록한 기보 한 페이지

「해적」 중 '정원의 장면' 아다지오의 안무를 기록한 기보 한 페이지.

제국극장의 안무감독이었던 니콜라이 세르게예프(Nikolai Sergeyev, 1876~1951)는 스테파노프 사망 이후 그의 기보법을 체계화하고 수십 편의 레퍼토리를 악보처럼 종이에 옮겼다. 러시아 혁명 이후 세르게예프는 이 귀중한 자료를 들고 서유럽으로 망명했고 댜길레프와의 협업, 영국 로열 발레단의 초창기 작품들, 그리고 이후의 복원 작업들을 수행했다. 그리하여 무대 위 고전 발레의 장면들이 이 기보법에서 다시 태어났다.

한때는 해독조차 불가능했던 이 기록은 스테파노프의 원고가 발견되며 다시 읽히기 시작했고, 오늘날에는 고전 레퍼토리를 재현이 아닌 재구성하는 데 핵심적 도구로 쓰이고 있다. 움직임의 언어를 남기려 했던 그들의 시도는, 무대 위 시간을 되살리는 예술의 기억술이다.

「파키타」 중 '그랑 파 클래식'의 안무를 기록한 기보 한 페이지.

화하며, 「지젤」을 20세기까지 이끄는 상징적 존재가 된다. 그녀의 지젤은 연기와 테크닉, 감정의 균형이 정점에 도달한 형태로서, 러시아 낭만주의의 마지막 정수를 담아냈다.

파블로바에 이어 20세기 「지젤」의 역사는 스타 발레리나들의 등장으로 이어졌다. 1909년 프라하에서는 뛰어난 미모로 명성을 떨친 타마라 카르사비나Tamara Karsavina가 지젤 역으로 데뷔했다. 1916년에는 러시아의 미래 황제 니콜라스 2세의 정부였던 마틸다 크셰신스카야Mathilde Kschessinska가 지젤로 데뷔했다. 당시 그녀의 나이는 44세였다. 그리고, 마침내 세 번째 위대한 해석자가 나타났는데, 바로 오늘날까지 많은 사람들이 20세기 최고의 지젤로 꼽는 올가 스페시브체바(Olga Spessivtseva, 1895~1991)이다. 그녀의 춤은 뛰어난 고전적 기법, 흠잡을 데 없는 스타일, 그리고 무대 위의 영성을 지녔는데, 이는 낭만적 발레리나의 전형으로 여겨지게 된다.

그리고 1910년, 세르게이 댜길레프가 발레 뤼스를 위해 프티파의 리바이벌 작품을 무대에 올리면서 「지젤」은 42년 만에 당당하게 파리로 귀환했다. 댜길레프가 리바이벌한 「지젤」은 타마라 카르사비나가 지젤, 바츨라프 니진스키가 알브레히트 역을 맡아 스타 마케팅의 정점을 찍었다. 발레 뤼스의 공연은 이후 「지젤」이 전 세계 발레단의 주요 레퍼토리로 자리매김하게 된 결정타였다.

많은 고전 발레들이 그렇듯, 오늘날 「지젤」 역시 다양한 예술가들에 의해 재해석되고 있다. 특히 「지젤」이 전승되는 과정에 대한 흥미로운 사실은, 일부 등장인물의 표현에서 많은 변화를 겪었다는 점이다. 어떤 버전에서는 알브레히트를 사기꾼이자 거만하게 지젤을 희롱하는 인물로 묘사하는 반면, 또 다른 버전에서는 따뜻하고 사랑이 넘치는 인물로 묘사한다. 알브레히트의 공식 약혼자인 바틸드 역시 차갑고 냉정하게 묘사하거나 친절하고 온화한 인물로 나타나고, 지젤을 짝사랑하는 힐라리온도 다소 영웅적인 모습이거나 알브레히트의 치열한 질투의 라이벌로 표현되기도 한다. 그러나 이 모든 변주의 중심에는 여전히 '지젤'이라는 여성 인물이 있다. 이는 곧, 지젤이라는 인물이 그저 여러 캐릭터 중 하나가 아니라, 그 어느 작품보다도 발레리나의 감각과 시대적 미감을 제시하는 예술작품임을 의미한다.

끝으로 내가 한국의 유니버설발레단의 공연으로 「지젤」을 만난 2025년 4월의 어느 날, 나는 문득 이 오래된 낭만 발레가 오늘날 우리에게 어떻게 와닿는지 궁금해졌다. 그리고 다음과 같이 리뷰를 남겼다.

"이날의 무대에서 우리가 본 것은 낭만 시대의 이야기이면서도 지금 우리의 이야기이기도 했다. 수줍은 고백, 사랑의 열병, 가슴 아프지만 용기 있는 이별, 그리고 애절한 구원. 「지젤」은 여전히 우리의 감정을 건드릴 수 있는 예술이다. '오그라든다'는 표현으로 어쩌면 무미건조함이 미덕이 된 오늘, 그 감정의 고백은 오히려 필요한 감수성의 회복 아닐까. 그렇다면 너무 말끔하게 다듬어진 세상 속에서 「지젤」이 선사한 낭만의 복원이란 결국 오늘날 우리가 잃어버린 감수성의 재소환인가, 아니면 미화된 과거를 향한 노스탤지어일 뿐일까?"[29]

초연으로부터 무려 180년이 지난 현재도 여전히 낭만의 매력을 전하는 「지젤」은 무용수 개인의 예술성과 시대의 미학이 교차하는 무대이다. 그리고 계속해서 다시 태어나는 발레리나의 영혼일 것이다. 그리하여 지금 이 순간에도 '지젤'은 다시 태어나고, 변함없이 사랑받는다.

낭만 발레리나의 이중생활

「라 실피드」와 「지젤」 같은 낭만 발레의 인기는 무엇보다도 발레리나를 중심으로 꽃피었다. 당대의 미적 이상은 「지젤」의 대본을 쓴 데오필 고티에가 남긴 비평문을 통해 엿볼 수 있다.

> 우아함으로 가득 찬 마리Marie Taglioni가 날개가 흠뻑 젖은 새처럼, 지면을 겨우 스쳐 지나갈 뿐이다. …… 파니 엘슬러가 춤출 때, 여러분의 마음에는 수많은 행복한 생각들이 떠오르며, 여러분의 상상은 푸르디푸른 하늘을 배경으로 서서 햇볕에 빛나는 흰 대리석 궁전으로 빠져들 것이다.
>
> - 「라 실피드」에 대한 평, 「라 프레스La Presse」 1838. 9. 24.

> 그녀가…… 내려앉으려는 새와 같은 자태로, 반짝이는 백열광 속에서 나타났을 때, 극장은 만장일치로 환호를 보냈다. 얼마나 경이로운 춤인가! …… 그녀가 지면에 닿지 않고 스치듯이 날아가는 것을 여러분

「발레리나들」(연도 모름), 앙리 제르벡스.

이 볼 수 있기를. 그녀는 산들바람에 실려 날리는 장미꽃잎과 같다.

－ 「라 페리La Péri」 초연 카를로타 그리지에 관한 평, 「라 프레스」, 1843. 7. 25.

그는 발레리나를 섬세한 은유와 감각적인 문장으로 묘사하며, 발레 예술의 미를 탐색했지만, 정작 그 시선은 발레리나의 예술적 역량보다 외형적 매력에 머무르곤 했다. 이는 고티에 개인의 취향이라기보다, 19세기 프랑스 사회 전반에 퍼져 있던 발레리나에 대한 탐미적 인식의 전형적인 사례다. 물론 고티에의 비평은 외형적으로나마나 발레리나의 존재를 대중에게 부각시키고, 발레에 대한 열정과 감수성을 확산시키는 데 일정한 기여를 했다. 그러나 발레리나가 남성 관객의 시선 속에서 일방적으

「찬미자」(1877~1879), 장 루이 포랭.

로 소비된 결과, 낭만주의적 무대는 종종 현실 도피적인 판타지로 전락하기도 했다. 포랭이나 다르마닌의 그림은 낭만 발레 시기, 예술을 향한 감탄과 여성을 향한 탐미적 시선이 교차하던 당시의 공기를 은밀하게 전해준다. 무대와 객석 사이, 그 거리만큼이나 복잡했던 시선의 역사를 말없이 보여주는 그림으로 해석된다.

한편, 발레리나에 대한 찬사는 남성 무용수의 입지를 위축시키는 방향으로 이어졌다. 1838년 「라 프레스」에 실린 한 비평문에서는 이렇게 쓰였다.

'벌건 목, 엄청난 근육질의 팔과 빈약한 다리, 그리고 도약과 회전 시 몸부림치는 거대한 골격을 가진 남자보다 더 불쾌한 것은 없다.'

'우리들에게 남성 무용수는 받아들일 수 없는 괴물과 같은 존재이며

「무용수」(연도 모름), 엔리케 미랄레스 다르마닌.

불쾌한 존재이다. 힘만이 남성에게 주어진 하나의 혜택이다.'

1840년대 중반부터 파리 오페라 무대에서는 남성 무용수가 점차 사라졌고, 1850년대에는 남성 역할을 여성 무용수가 연기하는 트라베스티[travesti 관행이 본격화되었다. 트라베스티는 여러 면에서 관객들을 만족시켰다. 주로 남성으로 이루어진 신흥 부르주아 관객들이 발레 무대에서 보고 싶었던 건 오로지 여성이었기 때문에 여성으로 가득 찬 공연을 선사했으며, 여기에 하나 더 보태 남성 복식을 입음으로써 점잖은 부르주아 사회에서는 감히 볼 수 없었던 여성 무용수의 다리 라인을 합법적으로 제공한 것이다. 이러한 흐름은 극장이 귀족들의 후원에서 벗어나 신흥 부르주아 남성 관객의 취향과 시장성에 맞춰 독립적으로 운영되기 시작한 역사적 전환점과도 맞물린다.

9장

무대 위의 차르,
마리우스 프티파

'러시아 발레의 아버지'라 불린 고전주의 안무가

　한 시대의 러시아에는 두 개의 왕좌가 존재했다. 하나는 차르의 것이었고, 다른 하나는 마리우스 프티파의 것이었다. 무명에 가까웠던 프랑스 청년은 러시아 제국으로부터 날아온 한 통의 초청장을 받아들이며 역사의 무대에 오르게 된다. 처음엔 딱 한 시즌만 머물 작정이었다고 한다. 그러나 역사를 돌이켜보면, 프티파가 받은 것은 계약서가 아니라 예술의 왕좌를 향한 초대장이었다.

　프티파를 '러시아 발레의 아버지'라 부르는 이유는 그가 수많은 발레 작품을 안무했다는 데에 멈추지 않는다. 그보다 프티파는 발레의 형식을 정비하고, 제도를 세우며, 아름다움의 질서를 체계적으로 구성한 예술 정치가였다. 그가 남긴 수많은 레퍼토리는 '고전'이라는 이름으로 불리며 오늘날까지도 무대 위를 지배하고 있다. 이

아홉 살 마리우스 프티파의 초상화.
마리우스 프티파는 「브라질의 유인원 조코」(1827)
공연에서, 아버지 장 프티파의 연출로 무대에 올랐
다.[30]

제, 이 '발레의 황제'가 남긴 무형의 권력을 들여다보자. 그가 만들어
낸 형식, 그가 지휘했던 무용수들, 그가 설계한 무대 위의 질서를 말
이다. 프티파는 떠났지만, 그의 권력은 여전히 발끝에서 반복되고
있다.

　　19세기 말, 발레가 서유럽에서 점차 외면당하던 시기에 러시
아에서 오히려 절정기를 맞을 수 있었던 직접적인 배경은 제국의 전
폭적인 후원 덕분이었다. 당시 러시아에서 발레는 귀족과 관료의 호
사스러운 교양을 넘어 제국의 권위를 상징하는 고급 예술로 자리 잡
았다. 1861년 농노 해방 이후에도 발레는 극도로 보수적인 형식을
고수하며, 러시아 문화 예술의 최전선에 자리했다. 1890년대 이후에
는 러시아 예술 형식들 사이에서 최정점에 올라섰고, 그 중심에는
마리우스 프티파가 있었다.

　　1847년, 프티파는 발레 마스터였던 아버지 장 프티파Jean

Petipa를 따라 러시아에 도착했다. 당시 그는 무대 위의 단역 무용수에 불과했지만, 10년 넘게 무용수로 활동한 뒤 1862년 첫 안무작 「파라오의 딸The Daughter of Pharaoh」로 큰 성공을 거두고 단숨에 제국극장의 발레 마스터로 발탁된다. 그리고 7년 뒤인 1869년에는 사실상 전권을 장악하며 러시아 발레를 이끄는 중심인물로 부상한다. 프티파는 프랑스의 낭만주의 전통, 덴마크의 형식미, 폴란드와 헝가리 민속춤의 활기, 이탈리아 무용수들의 화려한 테크닉까지 폭넓게 흡수하면서 러시아 제국의 발레를 완성시켜나갔다.

제국극장들은 그에게 수십 년간 지속적인 후원을 아끼지 않았다. 그 보답으로 프티파는 무려 56년 동안 러시아에 머무르며 46편의 발레를 창작하고, 17편의 기존 작품을 재안무했으며, 오페라 무대용 춤도 35편을 안무할 만큼 놀라운 성취를 이루었다.[32] 그는 극장 내의 사회적 시선을 치밀하게 읽어내며, 발레에 제국주의적 장관을 담아냈다. 그의 발레는 제정 러시아 사회 구조를 투영한 스펙터클이자 귀족 문화의 극치였다. 그가 남긴 유산은 후에 '고전주의 발레classicism ballet'라는 형식으로 정착하게 된다.

프티파 발레의 핵심, 그러니까 고전주의 발레의 특징은 '그랜드 발레Grand ballet'다. 스펙터클과 예술성을 모두 품은 이 형식은 대규모 캐스트와 복잡한 이야기, 화려한 무대효과로 구성된다. 프티파의 첫 번째 안무작인 「파라오의 딸」을 예로 들어보면 3막 9장, 러닝타임 5시간에 이르는 대작인 데다, 낙타와 사자가 등장하고 수십 명의 아이들이 무대에서 튀어나오는 장면은 당시 관객들에게 강렬한 인상을 남겼다. 프티파가 강조한 그랜드 발레는 러시아 발레가 프랑스적인 것에 머물러 있던 것에서 새로이 러시아적인 기질을 반영한 것으로 볼 수 있다. 그중에서도 러시아의 주된 종교인 정교회의 영향을 짚어볼 수 있다. 화려하기로 소문난 러시아 정교회의 예배는 황금빛과 군청빛으로 세공된 교회 안에서 시각적 화려함과 음악적 아름다움의 힘으로 회중들을 단숨에 사로잡는 것이 특징이다. 프티파의 거대한 무대는 러시아 정교회가 선호한 시각적 장엄함과 맞닿아 있었고, 서유럽의 낭만주의 발레와는 완전히 다른 러시아적 스펙터클을 정립했다.

그랜드 발레의 특징은 또한 무용수들의 계급 구조에서도 나타난다. 프티파는 주인공Principals과 독무자Soloists들, 그리고 수십 명의 군무진corps de ballet으로 구성된 무용수들의 위계적 배열을 안무 방식에 반영했다. 무대 위에 등장하는 순서, 춤을 추는 순서는 철저히 계급에 입각했다. 그리고 무용수들의 계급은 춤의 형식에도 영향을 미쳤다. 남녀 주인공 둘이 추었던 파드되pas de deux에 군무 무용수들이 참여하게 된 것이다. 군무진은 2인무의 배경을 이루기도 하고, 주인공들의 춤 중간중간에 삽입되면서 규모가 한층 커졌다. 이와 같은 무용수들의 군대식 계급 구분과 배열은 그 자체로 전제 체제의 러시아를 고스란히 나타내고 있는 것이다.

그랜드 발레의 시각적 스펙터클에 있어 무용수들의 기교도 큰 역할을 했다. 이전까지 고난도 테크닉은 이탈리아 출신 무용수들의 강력한 무기였다. 이에 프티파는 이탈리아인들로부터 배운 묘기에 자신만의 스타일을 덧입혀갔다. 프티파는 발달된 포인트 기교를 통해 발레리나의 존재가 돋보이게 만들었다. '동시대를 지냈던 부르농빌의 파드되에서 남자와 여자 무용수가 좌우 대칭 방향으로 동일한 스텝을 밟는 것에 비해 프티파의 발레는 발레리나를 중심으로 구성'[33]하였고, 발레리나의 포인트 기교가 유감없이 발휘되도록 솔로 베리에이션을 안무했다. 무용수들은 더 높고 멀리 뛰고 더 빠르고 많이 돌기 위하여 치열하게 경쟁하였다. 이러한 기교 경쟁은 러시아 발레 아카데미 발전에 크게 기여하였으며, 이탈리아와 프랑스에 견주어 러시아 발레의 우월성을 과시하는 결과로 이어졌다.

군무에서는 형식미를 강조하는 프티파의 치밀한 규칙과 질서가 돋보인다. 그는 체스판 위에 체스 말을 배열하듯 O와 X로 형식을 설계했고, 군무진은 완벽한 대형과 동작으로 무대 위 질서를 반영했다. 이렇게 창작된 춤 가운데 유명한 것은 「잠자는 숲속의 미녀The Sleeping Beauty」(1890) 1막에 등장하는 '꽃의 왈츠', 「돈키호테Don Quixote」(1869) 2막의 둘시네아가 등장하는 돈키호테의 꿈 장면, 「라 바야데르La Bayadere」(1877) 3막의 빽빽하게 정렬한 64명의 무용수들이 완벽한 대형으로 움직이는 '망령들의 왕국' 등이 있다.

그가 발전시킨 그랑 파드되 역시 무용 형식의 정점이라 할 수 있다. 프티파 발레의 백과사전이라 여겨지는 「잠자는 숲속의 미녀」에서는 오로라 공주와 데지레 왕자가 결혼하는 3막에서 그랑 파드되를 볼 수 있다. 명확한 형식에 의해서 진행되는 그랑 파드되는 다음과 같이 구성되어 있다. 두 무용수가 당당하고 위엄 있게 등장한the entrée 후 서정적인 아다지오 음악에 맞춰 두 주인공이 위엄 있게 추는 개시 아다지오pas de deux proper로 본격적인 2인무가 시작된다. 그리고 데지레(남자)와 오로라(여자)의 순서로 진행되는 솔로 베리에이션, 마지막으로 보다 빠른 템포로 화려한 테크닉을 선보이면서 2인무를 종결짓는 코다coda가 한 치의 오차도 없이 순서대로 진행된다. 이처럼 프티파는 예술적 건축가이자 무대 위의 외교관이었다. 그는 고전주의의 이상을 기반으로 러시아 제국의 정치·문화적 권위를 발레라는 형식 안에 절묘하게 투영시켰다.

세르게이 수데이킨의 그림 「러시아 발레('아르미드의 파빌리온'에서 파블로바와 니진스키)」는 제국 러시아 발레의 마지막 황금기와 새로운 예술적 전환점 사이를 포착한 의미심장한 작품이다. 이 발레

「러시아 발레('아르미드의 파빌리온'에서 파블로바와 니진스키)」(1907), 세르게이 수데이킨.

는 마린스키 극장에서 초연되었고 2년 후 댜길레프의 발레 뤼스를 통해 파리에서 다시 무대에 올랐다. 무대 위에 선 안나 파블로바와 바츨라프 니진스키는 각각 제국 발레의 정제된 전통과 새로운 표현주의적 움직임의 가능성을 상징한다.

그 배경에는 마리우스 프티파가 수십 년에 걸쳐 다듬어온 제국 발레의 이상이 놓여 있다. 완벽한 대칭과 정교한 구성을 중시하던 프티파의 고전주의 양식은 「러시아 발레('아르미드의 파빌리온'에서 파블로바와 니진스키)」의 정형미와 상상력이 공존하는 무대에서 마지막으로 빛을 발한다. 수데이킨의 그림은 이처럼 전통과 혁신이

「러시아 제국 궁정의 무도회」(1913), 드미트리 카르돕스키.

교차하는 순간, 즉 러시아 제국발레의 미학이 유럽 아방가르드로 이어지는 찰나의 경계를 포착한 것이다.

　　카르도프스키의 그림 「러시아 제국 궁정의 무도회」는 러시아 제국의 궁정에서 열린 무도회 장면을 담고 있다. 상트페테르부르크, 차르 니콜라스 2세의 통치 하에 펼쳐진 이 장면은 붉은 커튼, 상록수 장식, 군복과 예복, 그리고 눈부신 드레스들이 어우러지며 하나의 축제처럼 빛난다. 불과 몇 년 뒤면 제국 자체가 완전히 붕괴될 것이라는 역사적 비극을 떠올리기 어려울 만큼, 이 장면은 절정기의 제국을 시각적으로 응축해냈다.

프티파가 상트페테르부르크에서 수십 년간 제작한 발레는 이런 제국의 위엄과 질서를 고스란히 반영한 궁정 문화의 정수였다. 고도로 조직된 군무, 대칭적 구도, 극도로 거대한 규모는 제국 무도회와 발레 공연 양쪽 모두를 관통하는 미학의 핵심이었다. 러시아 제국의 예술과 건축, 그리고 그 속에 살아 숨 쉬던 발레의 시각적 질서는 서유럽의 예술과는 또 다른 방식으로 우리를 매료시킨다.

품위와 열광, 냉정과 열정 사이

19세기 러시아, 발레는 제국의 후원에 힘입어 국민적 열광의 대상이 되었는데, 19세기에는 '발레트망balletoman'이라 불리는 광적인 발레 팬들이 등장할 정도였다. 이 단어는 발레ballet와 열광mania, 또는 인간man을 결합한 합성어로, '발레광'이라 칭할 만큼 발레에 과도한 애정을 보인 사람들을 가리킨다. 이들은 귀족에서부터 학생에 이르기까지 다양한 계층으로 구성되었다. 특히 프티파 시대에는 러시아 전역에 걸쳐 수많은 '발레광'들이 존재했다. 발레트망은 일반적인 관객이 아니라 발레 공연의 구성과 레퍼토리, 무용수의 기량에 대해 전문적으로 논평할 수 있을 만큼 깊이 있는 감식안을 지닌 집단이었다. 이들은 제국의 문화 정책을 전폭적으로 지지하며 발레가 러시아 예술의 정체성으로 자리 잡는 데 핵심적 역할을 했다.

그러나 이들의 열정은 때때로 히스테릭한 반응이나 과도한 애정으로 나타나기도 했다. 영국의 저널리스트 아놀드 하스켈Arnold Haskell은 『발레트망: 집착 이야기 Balletomania: The Story of an Obsession』(1934)라는 저서를 통해 이 개념을 서구에 소개하며 러시아 사회에 발레가 뿌리 내린 방식의 특이성을 강조했다. 하스켈은 발레 팬덤이 예술 감상의 차원을 넘어 사회적 집착과도 같은 현상으로 발전할 수 있음을 지

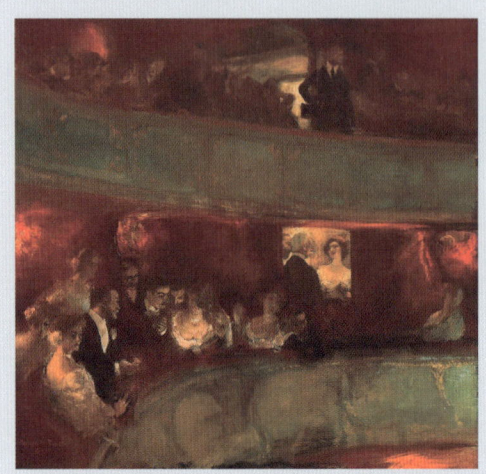

「인터미션」(연도 모름), 가스통 라 투슈.

적했다. 그리고 발레리나를 향한 팬들의 열정, 공연장 내의 과열된 반응, 그리고 무용수에 대한 숭배 현상을 상세히 기록하며 발레트망이라는 용어에 문화적 생명력을 부여했다. 한마디로 이 집단은 발레를 소유하려 했던 존재였다. 그의 책은 발레 팬덤의 기원과 심리, 그리고 예술과 대중 사이의 미묘한 긴장을 이해하는 데 있어 중요한 단초를 제공한다. 흥미로운 점은, 이 발레트망의 존재가 곧 러시아 발레가 대중적 인기를 누렸다는 방증이기도 하지만, 동시에 그 열광이 매우 엘리트적 취향과 밀접했다는 데 있다.

실제로 오늘날 러시아를 대표하는 프리마 발레리나인 스베틀라나 자하로바 Svetlana Zakharova는 2018년 10월, 13년 만에 유니버설발레단의 「라 바야데르」로 내한을 앞두고 진행한 인터뷰에서 이렇게 말했다.

「극장에서」(1915), 알베르 기욤.

화가들은 화려한 무대 위만큼이나 객석의 관객들을 그림으로 여럿 남겼다. 이들의 모습을 통해 발레는 무대는 예술가와 관객이 한데 어우러진 장으로 이해해야 할 것이다.

「오케스트라 옆 박스석」(1883), 장 베로.

Q. "러시아에서는 발레가 '국민예술'이라죠."

A. "글쎄요, 발레가 모두를 위한 것은 아니에요. 순수예술이자 엘리트예술이죠. 그러나 그것이 발레의 매력입니다. 발레는 앞으로도 대중예술은 될 수 없어요. 특정한 문화와 취향을 가진 사람들이 극장에 와서 새로운 세계에 빠져들면서 일상을 잊고 미적인 쾌감을 느끼는 예술이죠. 예전부터 그래왔고, 우리 시대에도, 미래에도 그럴 거예요."[34]

그녀의 말은 발레가 본질적으로 소수의 감식가를 위한 예술임을 전제로 한다. 그런데도 러시아 사회에서는 발레가 늘 국가의 얼굴로 기능해왔고, 모두가 사랑하는

「늦게 온 관객들」(1914), 알베르 기욤.

예술로 여겨져왔다. 이 모순은 러시아 발레의 본질적 이중성을 보여준다. 발레는 한 편으로는 제국과 귀족들의 품위 있는 기호로 존재했지만, 또 한편으로는 대중적 열 광 속에서 국민예술로 기능해왔다. 발레트망은 그 중간에 위치한 집단이었다. 그들 은 대중이면서도 대중이 아니었고, 예술을 향유하면서도 통제하려 했다. 이처럼 러 시아 발레는 언제나 예술과 권력, 대중성과 배타성 사이를 절묘하게 오가며 오늘에 이르렀다. 그리고 지금 우리가 발레를 사랑하는 방식 역시, 그 오래된 모순을 닮지 않았는가.

10장

발레는 어떻게
시대의 브랜드가 되었나

―――――

무대 뒤의 혁명가 댜길레프와 발레 뤼스[5]

러시아에서 꽃핀 발레를 프랑스에 소개하며 벨 에포크의 황
금기를 더욱 찬란하게 물들인 한 인물이 있다. 바로 세르게이 댜길
레프(Sergei Diaghilev, 1872-1929)다. 그는 무용가도, 작곡가도, 화가도 아
니었다. 직접 창작하지는 않았지만, 창작이 가능하도록 무대를 조율
한 '무대 뒤의 혁명가'였다. 러시아 귀족 가문 출신인 댜길레프는 예
술 전반에 정통한 교양인으로 성장했으며, 젊은 시절부터 미술과 음
악, 문학을 넘나드는 감식안을 바탕으로 예술 비평과 기획의 세계에

―――――――――――――――

[5] 이 장은 나의 박사학위 논문 「발레 뤼스의 초기 활동에 나타난 예술적 특성 연구」(2022, 이
화여자대학교)에서 다룬 '자본주의적 운영 시스템' 분석을 바탕으로, 보다 쉽게 풀어내고 보
완한 글이다.

「러시아 발레단」(1910), 콘스탄틴 소모프.

발을 들였다. 1898년에는 동료들과 함께 예술 잡지 「예술 세계Мир иск усства」를 창간하여 러시아 모더니즘의 정신을 대변하기 시작했다. 그의 진정한 탁월함은 예술을 감식하는 능력뿐 아니라, 그것을 '무대 위에서 어떻게 구현할 것인가'에 대한 기획적 통찰에 있었다. 그리하여 이 글은 그의 기획력과 전략, 그리고 발레 뤼스를 통해 실현한 '예술의 마케팅적 전환'을 중심으로, 오래된 이름을 오늘의 언어로 다시 읽어내고자 한다.

1909년, 댜길레프는 파리에서 '발레 뤼스Ballets Russes'를 출범시킨다. 프랑스어로 '러시아 발레'를 뜻하는 이 이름은 러시아 제국의 마린스키 발레단이나 볼쇼이 발레단과는 전혀 다른 방식으로 운영되었다. 댜길레프의 기획 정신이 낳은 예술가 집단이자 유랑 예술단의 형태였다. 그는 예술가를 연결하고 자금을 유치하며 공연을 조직했고, 무엇보다도 "지금 무엇이 새로운가?"를 누구보다 예민하게 감지했다.

발레 뤼스의 무대를 파리로 설정한 것도 그의 안목이 돋보이는 결정이었다. 당시 러시아는 혁명의 기운이 타오르며 제국의 후원을 받던 예술 전반이 거대한 전환점을 맞이하고 있었던 반면, 파리는 유럽에서 가장 세련된 예술 시장이자 유행과 감식안이 출렁이는 도시였다. 이 시기의 파리는 '벨 에포크'로 기억된다. 프랑스어로 '아름다운 시절'을 뜻하는 이 용어는 제2차 세계대전 이후 프랑스 역사가들에 의해 일반화된 개념으로, 19세기 말부터 제1차 세계대전 직전까지의 사회문화적 번영을 회고하는 의미를 담고 있다. 특히 이 시

「샤틀레 광장」(1941), 외젠 갈리앙-랄루.

갈리앙-랄루는 파리의 일상을 섬세하게 그려낸 풍경화가로,

근대 도시의 빛과 리듬을 포착한 작가로 평가받는다.

그가 말년에 완성한 이 그림은 20세기 공연예술의 전환점이 탄생한 공간을 담고 있다.

1909년, 이 광장을 품은 샤틀레 극장에서는 댜길레프가 기획한

발레 뤼스의 첫 번째 파리 시즌이 막을 올렸다.

파블로바, 니진스키, 카르사비나 등 이름만으로 전설이 된 무용수들이 이 역사적인 첫 무대에 올랐다.

러시아 예술의 에너지와 프랑스 아방가르드의 감성이 맞닿은 순간이었다.

기는 제3공화국의 부르주아 공화파가 '혁명의 도시', '바리케이드의 도시'로 각인된 파리의 이미지를 쇄신하고, '예술과 문화의 도시'로 재정립하고자 노력하던 시기이기도 하다.

그러나 발레만큼은 예외였다. 궁정에서 꽃피운 프랑스 발레는 퇴조했고, 오페라 극장의 무대는 노쇠했으며, 무용수들은 반복된 전통에 안주하고 있었다. 댜길레프는 이 공백을 정확히 간파했다. 낭만과 고전의 반복에 지친 도시에서, 이국적이며 도발적이고 실험적인 러시아 발레는 신선한 충격으로 다가왔다. 즉, 그는 파리라는 도시의 취향과 문화적 욕망, 관객의 환상을 읽고 이를 정교하게 기획한 탁월한 전략가였다.

미국의 무용사학자 린 가라폴라(Lynn Garafola, 1946-)는 "파리는 발레 뤼스의 출생지"[35]라고 했지만, 여기에 댜길레프의 안목을 더한다면 발레 뤼스의 파리 데뷔는 "그의 탁월한 감식안 아래 이루어진, 전략적 출생"이었다. 따라서 댜길레프에게 파리가 일종의 테스트 마켓test market[36]이었다면, 발레 뤼스는 러시아 발레라는 문화를 이용해 새로운 브랜드를 구축하고 파리에 론칭한 것이다.

발레 뤼스를 통해 댜길레프가 펼친 예술경영 방식은 지금의 관점에서 보아도 놀랍도록 현대적인 감각을 보여준다. 특히 프로그램 구성 전략과 마케팅 방식은 당시로서는 혁신적이었다. 우선 그는 하나의 공연에 여러 작품을 묶는 레퍼토리 구성 방식을 택했다. 그리고 그 안에는 유럽인들에게 친숙한 고전적 감성과 이국적 상상력, 러시아 특유의 민족 정서가 균형 있게 어우러졌다. 프랑스 무용 저

「러시아 발레. 샹젤리제. 실프」(1932), 콘스탄틴 소모프.
러시아 화가 콘스탄틴 소모프는 20세기 초 파리에서 자국의 발레가
유럽 관객을 매혹시키는 장면을 그림으로 남겼다.
이 작품은 발레 뤼스가 프랑스 무대에서 문화적 센세이션을 일으키던 시기를 생생히 포착한다.
예술적 자부심이자 문화적 기록이 된 소모프의 회화는 발레가 국경을 넘어
풍경이 되던 순간을 담고 있다.

「발레 레 실피드의 안나 파블로바」(1909), 발렌틴 세로프.

널리스트 앙드레 레빈손(André Levinson, 1887-1933)은 발레 뤼스의 레퍼토리를 '낭만적인 것romantic', '동양적인 것eastern', '민족적인 것national'으로 구분하기도 했다. 구체적으로 프랑스 낭만주의 발레의 계보를 잇는 「레 실피드」는 유럽인의 정서를 자극하는 작품이었고, 이집트 문명을 형상화한 「클레오파트라」, 페르시아 설화에서 영감을 받은 「셰에라자드」, 그리고 태국 공연예술에 착안한 「동방 시집Les Orientales」은 동양적 이국 취향을 극대화한 작품들이었다. 여기에 슬라브 민담을 바탕으로 한 「불새The Firebird」, 러시아 오페라에서 일부 음악을 가져와 구성한 「폴로베츠인의 춤Les Danses Polovtsiennes」은 러시아의 민족적 색채를 강하게 띤 레퍼토리였다.

　다길레프는 이들 작품을 연이어 배치하면서도 극적인 전환을 통해 관객의 감각을 자극했다. 예를 들어 프랑스 바로크 궁정의 고전미를 보여주는 「아르미드의 파빌리온」 다음에, 아시아 초원의 이국

「세르게이 댜길레프의 초상」(1906), 레온 박스트.

적 에너지를 담은 「폴로베츠인의 춤」을 배치하는 식이다. 베르사유 궁전에서 아시아 유목지대로 순간이동한 듯한 이 강렬한 대비는 관객에게 신선한 문화적 충격을 안겼다. 댜길레프는 이처럼 발레 뤼스만의 차별성을 내세우며 하이브리드 감각으로 편집된 프로그램 구성 방식을 기획해냈다. 유럽 고전성과 동양적 이국성, 러시아의 민족주의적 정서를 극적으로 배치한 그의 기획은 단일 정체성이 아닌 혼성적 감수성hybrid sensibility을 앞세운 선구적 큐레이션이라 하겠다.

그의 전략에서는 스타 마케팅도 감지된다. 댜길레프의 발레 뤼스는 무용수 한 사람 한 사람이 곧 브랜드가 되는 시스템을 지향했다. 발레 뤼스의 간판스타였던 니진스키가 대표적이다. 그의 기교는 당시 파리 무대에 익숙했던 이탈리아 발레 스타일을 뛰어넘었고, 원시적인 에너지와 관능성은 프랑스 관객에게 신선한 충격을 안겼다. 발레리나 안나 파블로바와 카르사비나 역시 이탈리아 발레의 기계적인 기교가 누락시켰던 고상함과 은근한 관능미로 파리의 관객을 사로잡았다. 특히 안나 파블로바의 옆모습을 담은 발레 뤼스의 첫 포스터는 무용수가 예술 콘텐츠의 얼굴로 소비되는 스타 시스템의 시초라 할 수 있다.

「미하일 포킨의 초상」(1909), 발렌틴 세로프.

이러한 매력은 무용수의 외양뿐만 아니라, 미하일 포킨(Mikhail Fokine, 1880~1942)의 안무가 제공한 표현적 가능성 덕분이었다. 포킨의 작품에서 활약한 니진스키의 경우, 「셰에라자드」에서 황금 노예 역을 통해 관능성과 야성의 카리스마를, 「장미의 정령」에서는 여성보다 섬세한 몽환적 존재감을, 「페트루슈카」에서는 젠더의 경계를 넘나들며 인간 보편의 슬픔과 외로움을 연기한 셈이다. 파리 언론은 이국적이면서도 도발적인, 그리고 폭발적인 에너지와 놀라운 기교로 버무려진 러시아 무용수들의 매력을 연일 기사화했다. 발레 뤼스의 흥행을 견인한 핵심 요소로서 스타 마케팅은 현대의 문화 콘텐츠의 브랜드 전략과도 상당히 맞닿아 있다.

댜길레프가 보여준 또 하나의 탁월함은 예술가를 발굴하고 협업 네트워크를 조율하는 조직 운영 능력이었다. 예술가들의 가능성을 꿰뚫어보는 예리한 안목을 가진 그는 새로운 예술 사조를 대

림스키-코르사코프의 발레 「셰에라자드」, 레온 박스트.
1910년 파리 초연 당시 「셰에라자드」의 무대는 강렬한 페르시아풍 장식으로 화제를 모았다. 이후 몇 년간 프랑스 상류층 사이에서 이국적인 오리엔트 스타일의 인테리어와 패션이 유행처럼 번져갔다.

표할 수 있는 인물을 선별해 무용계에 적극적으로 등용했고, 그들의 잠재력을 실현할 수 있는 환경도 조성했다. 신진 예술가를 발굴하고 그들이 두각을 나타내도록 도운 그의 안목은 오랜 기간 축적한 인맥과 경험의 산물이었다.

시작점은 발레 뤼스의 첫 번째 안무가인 미하일 포킨이다. 댜길레프는 오랜 친구였던 알렉산드르 브누아(Alexandre Benois, 1870-1960)의 선택을 믿고, 당시 아직 무용계에서 검증되지 않았던 미하일 포킨을 전속 안무가로 전격 발탁했다. 포킨은 기존 발레 관행에 의문을 제기하고 새로운 조형미를 지닌 동작 언어를 창조하고자 했다. 이에 댜길레프는 안무가에게 자신이 원하는 무용수를 직접 캐스팅할 수 있는 전권을 부여했다. 그 결과, 마린스키 발레단의 수석 발레리나이자 제국의 후원을 받던 마틸다 크세신스카야(Mathilde Kschessinska, 1872~1971)가 아닌, 니진스키, 파블로바, 이다 루빈스타인(Ida Rubinstein,

레온 박스트의 「셰에라자드」와 「불새」 의상 디자인 스케치.
박스트의 디자인은 발레가 미술과 패션을 가로지르는 예술로 자리매김하는 데 핵
심 역할을 했으며, 발레의 시각적 유산을 의상이라는 새로운 매체로 확장시켰다.

1883-1960) 같은 젊고 실험적인 무용수들이 전면에 등장하게 된다. 음악 분야에서도 댜길레프의 선구안은 빛을 발했다. 대표적인 사례가 이고르 스트라빈스키(Igor Stravinsky, 1882~1971)다. 댜길레프는 무명에 가까웠던 이 러시아 작곡가에게 작곡을 의뢰했고, 그 결과물 중 「봄의 제전」(1913)은 20세기 음악사의 결정적 전환점이 될 것이었다. 댜길레프의 인맥은 러시아에 한정되지 않았다. 그는 파리 현지의 음악가인 드뷔시, 화가인 파블로 피카소 등과도 과감한 협업을 추진했다. 당시 러시아 예술가가 파리의 주요 인물들과 함께 작업을 기획한 것은 상당히 이례적이었다. 그러나 댜길레프는 이것을 '현지화' 전략이자 문화 간 융합의 일환으로 받아들였다. 이것은 오늘날 흔히 이야기하는 '글로컬glocal 전략'이다.

또한 댜길레프는 파리 상류층 인사들을 중심으로 발레 뤼스의 후원회를 조직했다. 이 후원회는 두 가지 특징이 있다. 첫째, 후원자의 스펙트럼이 예술계, 재계, 귀족 사회까지 매우 넓다는 점이고, 둘째, 그 중심에는 파리의 여성 사교계가 자리하고 있었다는 점이다. 당시 벨 에포크의 파리는 근대 가부장제의 종언을 예고하던 시기였고, 여성의 사교 활동과 문화적 영향력이 그 어느 때보다 커지고 있었다. 특히 파리 여성들은 예술을 생활의 일부로 끌어안았고, 살롱 문화와 후원 활동을 통해 예술계의 흐름을 적극적으로 이끌었다. 발레 뤼스의 대표 후원자로는 예술 살롱을 주최하던 피아니스트 미시아 세르트(Misia Sert, 1872-1950)를 비롯해, 재봉틀 재벌인 싱어 가문의 후손이자 폴리냐크 공녀로 알려진 위나레타 싱어Winnaretta Singer,

누아예 백작 부인Comtesse de Noailles, 그레퓔 백작 부인Comtesse Greffulhe 등이 있었다. 이러한 사교계 여성들은 단체에 자금 후원을 하고, 발레 뤼스의 명성과 관객층 확대에 결정적 기여를 했다. 당대 최고 유명 인사들이 공연의 스폰서였다는 사실은 곧바로 대중의 호기심과 문화적 관심을 자극했고, 이는 오늘날의 '인플루언서 마케팅'과 유사한 방식으로 작용했다.

이렇듯, 댜길레프는 예술이 살아 움직이기 위해서는 전달의 언어가 필요하다는 사실을 누구보다 잘 알고 있었다. 감각을 배치하고, 스타를 만들고, 영향력을 설계하며 그는 한 시대의 미학을 마케팅했다. 그리고 지금, 그 전략은 21세기 예술 기획의 화두 속에서 여전히 유효하다. 예술이 관객과 가까워질 수 있는 구조로 설계한 댜길레프의 발레 뤼스. 그의 기업가적 감각entrepreneurship은 예술이 생존하고 성장하기 위한 전략적 시스템으로 여겨진다. 그러므로 발레 뤼스는 20세기 유럽 예술 전반에 영향을 미친 모더니즘 실험의 플랫폼이자, 파리를 '아름다운 시절'로 기억하게 만든 문화적 엔진이라 하겠다.

샤넬과 베르사체, 발레와 손잡다

발레 뤼스는 1929년 댜길레프의 사망과 함께 해체되었지만, 그 예술적 유산은 세계 무용계 곳곳에 뿌리 내려 지금까지도 살아 숨 쉰다. 무엇보다도 발레 뤼스에서 활동했던 안무가와 무용수들, 그리고 협업 예술가들이 이후 각국 발레단과 예술 기관에 미친 거대한 영향력은 현재진행형이다.

대표적인 인물이 조지 발란친(George Balanchine, 1904-1983)이다. 그는 발레 뤼스에서 안무가로 성장한 뒤 미국으로 이주해 뉴욕시티발레단New York City Ballet을 창단했다. 고전 발레의 테크닉에 추상성과 음악성을 결합한 그의 '네오클래식neo-classic' 양식은 오늘날에도 세계 주요 발레단의 레퍼토리에 중심을 차지하고 있다. 발레 뤼스의 현대적 시도, 즉 줄거리가 없는 추상 발레는 움직임 자체의 조형성에 집중한 새로운 관점을 발레에 이식했는데, 이것이 바로 발란친의 핵심 안무 미학이다.

한편 발레 뤼스가 초청했던 화가 및 디자이너들과의 협업은 현대 무대예술의 통합적 접근법에 결정적인 전환점을 만들었다. 그중에서도 가장 눈에 띄는 계보는 샤넬과 발레의 인연이다. 1920년대, 댜길레프는 당시 떠오르던 디자이너 가브리엘 샤넬을 무대 의상 디자이너로 초청했다. 그녀는 발레 의상을 기능성과 미감을 조화시키는 하나의 패션 언어로 전환했다. 발레가 고상하고 먼 세계의 이야기가 아니라 동시대적 감각과 호흡할 수 있다는 것을 그녀는 옷으로 말했고, 그 무대는 곧 파리의 스타일로 이어졌다. 2020년대 현재, 프랑스 파리 오페라 발레단은 샤넬과 공식 파트너십을 맺고 있으며, 일부 레퍼토리의 의상 디자인을 샤넬이 전담하고 있다. 이 협업은 스폰서십이나 의상 후원 차원에 머무는 것이 아니라, 무대 위 춤의 미학과 브랜드 헤리티지 간의 긴밀한 예술적 교류로 주목받는다.

발레 뤼스가 상상했던 종합예술의 미래는 뉴욕에서도 이어진다. 뉴욕시티발레단의 가을 패션 갈라가 그것이다. 2012년부터 시작된 이 공연은 디자이너들이 안무가와 협업해 무대의상과 공연을 기획하고 발표하는 연례 행사다. 매년 톰 브라운, 드리스 반 노튼, 아이리스 반 헤르펜 등 내로라하는 패션 디자이너들이 참여하고 있으며, 2025년 10월 이루어진 제13회 가을 패션 갈라에는 버질 아블로와 잔니 베르사체가 참여해 현대적 히트작을 선보였다.

발레 뤼스의 시대는 끝났지만, 그들이 남긴 감각은 여전히 이어지고 있다. 안무의 선, 의상의 결, 음악의 호흡, 그리고 그 모든 것을 꿰어내는 한 명의 기획자. 댜길레프가 설계한 발레의 모더니즘은 오늘날 무대 위에서 여전히 세련된 형태로 살아 있다. 브랜드와 예술의 만남이 결코 가벼운 제휴가 아님을, 오히려 이토록 정교하고 감각적으로 어울릴 수 있다는 사실을 발레 뤼스의 예술가들은 처음부터 알고 있었던 것이다.

11장

백조의 춤,
백조의 꿈

전설이 된 발레리나 안나 파블로바와 「빈사의 백조」

러시아 상트페테르부르크의 빈민촌, 작고 컴컴한 아파트에서 살던 한 소녀가 있었다. 그녀가 갓 태어났을 때 사람들은 이 아이가 살아남으리라곤 생각하지 못했다. 그만큼 허약했던 소녀는 어릴 때부터 디프테리아, 홍역, 성홍열에 시달릴 만큼 병치레가 잦았다. 열병에 걸린 듯 핼쑥했던 이 소녀는 훗날 한 마리 백조가 되어 죽어가는 순간까지 날갯짓을 멈추지 않았다. 발레의 전설이 된 안나 파블로바 (Anna Pavlova, 1881-1931) 이야기다.

안나 파블로바의 스토리는 나에게 위인전 같다. 기억이 흐릿할 정도로 어렸을 때부터 책장에 꽂혀 있던 낡은 책 한 권. 언젠가 엄마가 우연히 산 것이라 하는데, 새빨간 표지에 금색 글자로 'Anna Pavlova'라 새겨져 있는 이 책은 평범한 전기가 아니었다. 마치 소설

같은 문체로 생동감 있게 파블로바의 일생을 담고 있기 때문이다.[6]
그녀가 발레를 처음 만난 감격의 순간부터, 고통을 견디며 자신을
단련한 시절, 그리고 죽기 직전까지 백조로 무대를 지키던 그녀의 생
은 읽을 때마다 마음을 사로잡았다. 지금부터 내가 전할 안나 파블
로바의 이야기는 그 책의 하이라이트를 요약하고 개연성을 위해 나
의 상상력과 표현을 보탠 것이다. 어린 시절의 나와 같이 발레리나를
꿈꾸고 있는 소녀들을 위해서.

　　어느 날, 8살 소녀는 가장 아끼던 옷을 차려입고 엄마 손을
꼭 잡고 마린스키 극장으로 향했다. 그곳에서 만난 요정의 나라는
황홀경 그 자체였다. 어린 소녀의 눈에 비친 황금 궁전은 오로라 공
주가 마법에 걸려 100년 동안 잠이 들고 데지레 왕자와 요정들에 의
해 해피엔딩을 맞는 발레 「잠자는 숲속의 미녀」였다. 공연이 끝난 후
경탄의 눈빛으로 빈 무대를 바라보며 박수조차 치지 못할 만큼 굳
어버린 파블로바에게 엄마는 물었다. "저 소녀들처럼 춤을 추고 싶
니?" 그러자 파블로바가 대답했다. "아니요. 저는 소녀들처럼이 아니
고 오로라 공주처럼 춤추고 싶어요." 확신에 찬 눈동자는 더 이상 어
리고 철없는 아이의 것이 아니었다.
　　그 후로 발레를 배울 수 있게 도와달라고 애타게 졸라대던

---

[6]　빛바랜 이 책은 글래디스 맬버른(Gladys Malvern)의 『Dancing Star : The Story of Anna
　　Pavlova』(1942)의 1980년대 한국어 번역판으로 짐작된다.

「무용 수업」(c. 1879), 에드가르 드가.

파블로바를 보며 엄마는 고민에 빠졌다. 어린 딸을 발레학교에 보낸 다면 좋은 교육을 통해 미래는 보장될 것이고 더 운이 좋으면 부유 층 생활을 꿈꿀 수도 있었지만, 약하디 약한 이 어린 딸과 떨어져 지 내는 것은 상상만으로도 괴로울 따름이었다. 그러면서도 파블로바 가 두 살이 되던 해 남편을 떠나보내고 약간의 연금으로 힘든 살림 을 꾸려가고 있었던 터라 정부의 보조를 받을 수 있었던 발레학교 의 생활은 신분 상승을 위한 유일하면서도 가장 확실한 지름길로 다가왔다.

그런데 그녀의 고민은 어쩌면 무의미했다. 일단 제국발레학교 는 10살부터 입학할 수 있었기 때문에 2년이라는 긴 시간이 남아 있 었고, 전국에서 몰려드는 수백 명의 지원자 중 단 18명만 입학할 수 있었기 때문이다. 그러나 파블로바는 어려운 형편 때문에 2년간 아무런 발레 공연도 보지 못했음에도 불구하고 독학으로 발레 연습을 게을리하지 않았다. 매일 밤 오로라 공주가 되어 차이콥스키 음악 위를 날아다니는 자신을 상상했다. 그리고 드디어 10살이 되던 해 하루 종일 진행된 발레학교의 엄격한 입학 시험을 거친 파블로바는 어마어마한 경쟁률을 뚫고 합격자로 호명된다. 그녀에게 발레가 운명이 아니면 무엇이겠는가.

발레학교에서의 생활은 정부의 강력한 통제 아래 이루어졌다. 가정교사들은 매일 학생들의 용모를 채점했고, 남녀가 구분되어 엄격한 식사법을 따라야 했으며, 선후배 관계도 위계적이었다. 그러나 엄마와 떨어져 견뎌야 했던 혹독한 학교 생활은 소녀에게 아무런 문제가 되지 않았다. 그저 춤을 배울 수 있다는 사실 하나가 다른 모든 것들을 상쇄시키고도 남았던 것이다. 하지만 체질적으로 약하고 가냘픈 체격을 가진 파블로바에게 발레는 너무나도 힘든 것이었다. 오늘날 긴 팔다리는 발레리나의 이상적인 체격 조건으로 꼽히지만, 당시에는 탄탄하고 작은 몸매를 선호했기 때문이다.

선생님들은 파블로바에게 연습보다 먹는 것을 소홀히 하지 말 것을 당부했고, 의사는 간유구를 먹으라고 권했다. 그녀의 유일한 바람 역시 당시 제국 발레단 수석 무용수로 활약하던 레냐니 Pierina Legnani나 크셰신스카처럼 튼튼해지는 것이었다. 파블로바는 근력을 단련시키고 기술을 향상시키기 위해 뼈를 깎는 노력을 했고, 그 덕에 밤마다 쑤셔오는 다리와 무릎의 아픔을 감내해야만 했다.

7년 동안의 고생 끝에 마침내 파블로바는 졸업반이 되었다. 어린 후배들을 보면서 기본 자세를 배우려고 안간힘을 쓰던 때가 언제였는지, 졸업생들을 경의의 눈으로 바라보던 때가 언제였는지 까마득하게 느껴졌다. 졸업과 동시에 파블로바는 1년에 720루블을 벌 수 있는 마린스키 발레단의 단원이 되었다. 뛸 듯이 기뻤다. 파블로바는 할머니와 엄마 앞에서 발레단의 첫 공연을 성공적으로 해냈고, 발레 공연이 있는 날에는 국립 마차의 마부가 파블로바를 실어다주는 혜택을 누릴 수 있었으며, 부자와 유명인사에게 꽃다발을 선물받고 부유층의 파티에도 초대받았다. 발레리나가 된 후에 남자친구도 생겼다. 빅터 단드레Victor E. Dandré라는 엔지니어 청년은 훗날 그녀의 남편이 되었다.

여기까지가 성공한 사람들의 클리셰 같은 스토리라면, 미하일 포킨과의 만남은 전설의 신호탄이었다. 두 살 터울인 포킨과 파블로바는 제국발레학교의 선후배이자 발레단에서 함께 호흡을 맞추는 좋은 동료였다. 둘은 서로 장래에 대해 이야기를 나누었는데, 특히 러시아 발레의 전통에 회의감을 품고 있던 포킨의 예술 세계를 파블로바는 이해심 많게 들어주었다.

포킨은 러시아 발레가 다섯 가지 발 포지션과 항상 발끝을 쭉 펴고 뒤꿈치를 앞으로 보내는 전통을 고수하는 것을 나쁘게 보지는 않았지만, 아름다움이란 무한하고 발레리나는 모든 것을 표현해야 된다고 생각했다. 러시아의 신세대가 만들어갈 새로운 세기의 발레가 포킨으로부터 움트고 있었던 것이다.

「파리 오페라 가르니에 앞의 마차와 군인들」(19세기 중반 추정), 에드몽 모랭.

파블로바가 포킨에게 자신을 위한 춤을 만들어달라고 청했을 때, 포킨은 이렇게 중얼거렸다.

"당신은 한 마리 아름다운 새 같구려. 깃털이 흰 새…… 그래, 흰 새가 맞아. 그것은 사랑의 상징일 수도 있지. 슬프고 달콤하고…… 고통과 죽음의 상징……."

1905년 무렵에 포킨은 얼마 전에 들었던 동료 음악가 생상스 Camile Saint Saens의 곡이 떠올랐고, 파블로바가 바라본 호수 위에 떠 있는 백조의 이미지와 영국 시인 알프레드 테니슨의 유고집에 실려 출간된 시 「빈사의 백조 The Dying Swan」(1893)가 겹치면서 마침내 불멸의 춤이 탄생했다. 삶과 죽음의 아름다운 드라마를 무용으로 형상화한 포킨의 「빈사의 백조」는 1907년 12월 22일, 상트페테르부르크 마린 스키 극장에서 공식 초연되었다.

4분 남짓의 짧은 시간 동안 죽어가는 백조를 표현한 이 작품 의 창작 과정은 즉흥적이었다. 포킨은 그녀의 움직임에서 단지 몇 가 지 팔 동작과 감정의 방향만을 가볍게 암시했을 뿐이었다. 파블로바 의 약점이었던 연약한 근육과 가냘픈 체격, 그리고 긴 팔다리는 놀 랍게도 포킨이 머릿속에 떠올린 백조 그 자체였다. 이 작품은 살고 싶은 소망을 몸짓으로 표현하기 위해 다리뿐만 아니라 전신을 사용 했는데, 양발이 작은 보폭으로 쉴 새 없이 움직이는 동안 한순간에 날아오를 듯 유연하게 펼친 팔 동작이 풍부한 감정을 담아냈다. 한 마리 백조의 날갯짓 그 이상의 표현이었다. 세세한 줄거리 없이 오로 지 파블로바의 우아한 몸짓으로 관통하는 고달픔의 표현은 포킨이 그토록 갈망하던 관습을 벗어난 새로운 발레이자, 발레가 추구해야 할 예술적 진리였다.

1906년 마린스키 극장에서 프리마 발레리나 칭호를 얻고 백 조 춤으로 명성까지 얻었을 시점에 파블로바는 이런 생각에 사로잡 혔다. '나의 예술은 러시아에서 시작했지만 러시아에서 끝날 것인 가.' 이듬해 파블로바는 댜길레프라는 기획자가 러시아의 발레를 프 랑스 파리에 소개하기 위해 결성한 발레 뤼스에 합류할 기회가 생겼 다. 그리고 1908년부터 그녀는 과감하게 독립을 선언하고 자신만의 발레단을 창단했다. 이는 당시로선 대단히 대담하고도 실험적인 행

「백조의 죽음 : 안나 파블로바」(1911), 존 레이버리.

보였다. 파블로바는 이후 20년 가까이 세상의 모든 무대를 자신의 집처럼 누비며, 수백만 명의 이들에게 처음으로 발레를 소개하는 데 평생을 바쳤다. 메트로폴리탄 오페라 하우스 개막식에 초대되어 뉴욕을 방문했을 때에는 관중들의 열렬한 환호를 받았다. 1912년부터 1916년 사이에는 미국 전역을 돌아다녔고, 멕시코에서는 3만 명이 넘는 관객 앞에서 공연하여 그녀의 생애 중 가장 열광적으로 환영받았다.

그녀의 발레단은 프티파의 작품을 간추린 레퍼토리와 파블로바를 위해 특별히 창작된 짧은 솔로 작품들로 구성되어 있었다. 하지만 그보다 중요한 것은 이 발레단이 유럽, 아메리카, 아시아, 심지어 오스트레일리아와 인도까지 세계 곳곳을 돌며 발레라는 예술이 특정 지역의 전유물이 아님을 몸소 증명했다는 점이다. 무용수들은 대부분 영국 출신의 젊은 여성들로 구성되었지만, 그들의 이름은 러시아풍으로 바뀌었고, 파블로바는 이들을 이끌며 국경 없는 발레를 실현해갔다.

파블로바는 리스본, 마드리드, 파리, 캐나다, 남아프리카, 오스트레일리아, 인도, 이집트를 거쳐 일본에서도 공연했다. 인도에서 함께 공연한 우다이 샨카르Uday Shankar는 이후 인도 고전무용 부흥 운동을 이끄는 무용가로 성장했으며, 일본에서는 도쿄는 물론 일본 종단 투어를 통해 나고야, 시모노세키, 나가사키 등 작은 도시도 찾았다. 파블로바의 일본 공연은 일본에서 발레 붐을 일으켰다. 그녀에 관한 기사는 「동아일보」(1920년 6월 7일자)에도 실렸다. 당시 한국에서

에른스트 오플러가 그린 안나 파블로바.

는 서양식 무용을 통칭하는 의미로 '무도舞蹈'라는 단어를 썼는데, 그만큼 발레에 대한 인식이 약했던 시절 한국에서도 파블로바의 흔적을 찾을 수 있다는 것이 참으로 감동적이다. 이렇듯 파블로바의 활약은 전 세계에 발레의 아름다움을 알리고 대중화시키는 데 큰 공헌을 했다. 파블로바가 전 세계를 돌며 수천 번의 백조 춤을 추는 동안 그녀의 공연을 보고 발레리나를 꿈꾸게 된 소녀들이 얼마나 많았을까. 어린 파블로바가 그러했던 것처럼 말이다.

파리에서 헤이그로 여행하던 1931년의 어느 날, 그녀의 건강 상태는 악화되었다. 무리한 공연 계획으로 말미암아 결국 과로로 인한 폐렴에 걸린 것이다. 파블로바는 공연을 취소하라던 단드레의 걱정 어린 부탁에도 춤을 추어야 한다는 말만 늘어놓았고, 당장 늑골 제거 수술을 해야 한다던 의사의 진단에도 춤을 출 수 없으면 차라리 죽는 게 낫다며 수술을 거부했다. 병상에서의 6일 동안, 누구도 그녀가 정말 떠날 것이라 믿지 않았다. 그러나 파블로바는 야윈 손을 들어 "나의 백조 의상을 준비해주세요."라는 말을 마지막으로 유명을 달리했다. 그녀의 마지막 손짓은 하늘의 새가 땅의 굴레에 얽매이지 않으려고 안간힘을 쓰는 백조의 날갯짓이었다. 다음 날 예정되었던 공연은 주인공이 사라진 무대 위로 단 하나의 스포트라이트만이 천천히 움직이며 진행되었다.

안나 파블로바가 남긴 「빈사의 백조」는 이제 수많은 발레리나들에게 고별의 춤으로 상징된다. 누구나 은퇴 무대에서 이 춤을 추며 파블로바의 정신에 경의를 표했고, 무대 위에서의 마지막 인사를 날갯짓으로 마무리했다. 그녀는 한 번도 이 작품의 줄거리를 설명한 적 없지만, 그 몸짓 하나로 전 세계 관객을 울렸다. 생전 파블로바는 이렇게 말했다.

"나는 매일 조금씩 죽는다. 그리고 매일 조금씩 무대 위에서 다시 태어난다."

춤은 그녀에게 생이었고, 무대는 다시 태어나는 곳이었다. 춤에 생을 바친 파블로바는, 결국 영원한 백조로 남았다. 그녀의 날갯짓은 지금도 누군가의 심장을 흔들고 있다.

파블로바의 또 하나의 혁명, 슈즈

오늘날 발레리나가 발끝으로 솟구쳐 보여주는 눈부신 균형감과 날카로운 선은 '날아오르는 몸'이라는 상징을 창조했다. 이 정교한 움직임을 가능케 한 결정적인 발명품, 포인트 슈즈pointe shoe의 진화는 한 무용수의 고통과 창의에서 비롯되었다. 바로 안나 파블로바, 전설의 백조다.

포인트 슈즈는 본래 하늘을 걷는 요정처럼 보이기를 바랐던 낭만주의 시대의 욕망에서 탄생했다. 그러나 태동기에는 발레리나들이 거의 맨발에 가까운 얇은 슬리퍼를 신은 채, 발목과 발가락의 근력만으로 버텨야 했다. 손끝만큼이나 예민한 발끝에 실려야 할 체중, 거기에 더해지는 회전과 도약. 이는 신체의 한계를 시험하는 고통의 기록이었다. 그 극한을 돌파한 이가 바로 파블로바였다.

그녀의 발은 유난히 높게 아치가 솟은 구조였다. 발의 안쪽이 활처럼 휘어진 '하이 아치high instep'는 시각적으로는 아름답지만 실제 무대 위에서는 큰 부담을 안겼다.

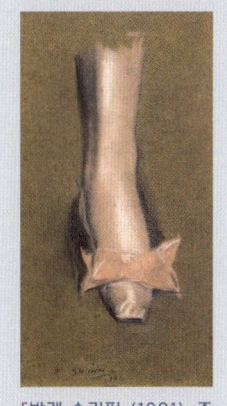

「발레 슬리퍼」(1901), 존 슬론.

「발레리나의 휴식」(연도 모름), 엔리케 미랄레스 다르마닌.

온몸의 무게가 발가락 끝에 집중되면서 쉽게 부상을 유발했기 때문이다. 그럼에도 파블로바는 무대를 포기하는 대신 자신의 포인트 슈즈를 개조했다. 방법은 단단한 가죽을 밑창에 덧대어 지지력을 높이고, 발가락 앞부분인 박스box를 납작하고 견고하게 만드는 것. 당시로선 전례 없는 시도였다.

파블로바의 개조 이후 현대의 포인트 슈즈는 놀라울 정도로 세분화되었다. 무용수의 신체적 조건

「발레리나」(1880년대 무렵), 엔리케 미랄레스 다르마닌.

「분장실의 무용수」(1890), 장 루이 포랭.

은 물론, 발레가 처한 사회·문화적 변화와도 긴밀히 연결되어 있다. 특히 다양한 인종의 피부색에 맞춘 여러 색상으로 제작된 슈즈는 주목할 만하다. 일명 '갈색 포인트 슈즈'는 미국 아메리칸 발레 시어터ABT가 선언한 '다양성·포용·형평성DEI: Diversity, Equity, Inclusion'의 흐름을 반영한 사례다.

또 일부 브랜드는 특수 소재를 도입해 드라이어로 열을 가하면 오랜 시간 형태와 기능을 유지할 수 있는 혁신적 제품을 선보이기도 했다. 이러한 변화는 일상에서 흔히 쓰는 '장비빨'이라는 개념을 발레에도 떠올리게 한다. 실제로 슈즈의 성능이 향상될수록 무용수의 기량이 수월해지는 것은 부인할 수 없는 사실이다. 그러나 발레계

「포인트 슈즈를 매어 신는 무희」(1887), 에드가르 드가.

발레리나는 허리를 숙여
포인트 슈즈의 리본을 매고 있다.
이 정적 속에서 나는 하나의
사적인 제의를 목격한다.
겉으로 보기에 이는 반복적이고
일상적인 준비 동작에 불과할 수 있으나,
그 안에는 예술가와 도구 사이의
긴밀함이 내포되어 있다.
발레리나에게 슈즈는
화가의 붓처럼 예술의 흔적을 그리며,
현악기의 활처럼 리듬과 침묵 사이를 잇는다.
무용수는 이 도구를 통해
무형의 감정을 물성으로 번역하고,
자신의 몸을 서사로 전환한다.
리본을 고쳐 매는 행위는
그 자체로 마음을 다잡고
신체의 중심을 다시 세우며,
예술가 자신과 예술 사이의 경계를
잠시 지우는 내면적 순간이다.

「신발 끈을 묶는 무용수」(c. 1880-1885), 에드가르 드가.

「발레 슈즈를 찾아서」
(1900),
피에르 카리에 벨뢰즈.

는 이를 노골적으로 드러내기보다는 오히려 조심스레 회피하는 경향이 있다. 파블로바의 슈즈를 두고도 어떤 평론가는 "신발이 무용수를 대신한다."며 비난했고, 파블로바 역시 자신의 개조 슈즈가 사진에 찍혔을 때 지나치게 투박해 보이는 것을 꺼려 촬영 시 이를 제거하거나 수정하기도 했으니 말이다. 묘하게 운동선수의 도핑 논란과도 닮았다.

그렇다면 '장비'는 발레가 지켜온 신체성을 위협하는 것일까? 기술은 끝없이 발달하는 세상이지만, 발레는 그 발전과의 거리를 부단히 조율하며 스스로의 정체성을 지켜내고 있다.

12장

찬란한 영광의 10년,
참혹한 암흑의 30년

전설이 된 발레리노 바츨라프 니진스키

안나 파블로바가 죽는 순간까지 백조를 외쳐 전설이 되었다면, 바츨라프 니진스키(Vaslav Nijinsky, 1889-1950)는 이와 전혀 다른 유형의 전설이 되었다. 60평생의 절반 이상을 정신 질환으로 고통받으며 쓸쓸하게 생을 마감한 니진스키. 무대 위에서 춤춘 시간은 겨우 10여 년. 그러나 '무용의 신'이라는 타이틀을 거머쥐었다. 그의 삶은 단숨에 정점에 오른 후, 순식간에 어둠 속으로 가라앉은 드라마틱한 궤적을 그린다.

이 드라마틱한 삶에 단번에 매료된 이가 있었으니, 영국의 무용 비평가 리처드 버클(Richard Buckle, 1916-2001)이다. 그는 1971년 수년간의 연구 끝에 니진스키의 삶에 관한 방대한 전기를 출간했다(초판은 482페이지, 2021년 을유문화사에서 출간된 한국어 번역서는 1,000페이지가 넘는다). 니진스키의

「바츨라프 니진스키의 초상화」(1910), 레온 박스트.

연구 중 가장 완벽한 것으로 평가되지만, 버클은 자신이 발견할 수 있었던 모든 것을 쏟아부었음에도 불구하고 결국 니진스키의 수수께끼는 여전히 풀리지 않았다는 비판을 겸허히 받아들인다. 한 사람의 인생을 한 권의 책으로 정리한다는 것이 가능하기나 할까. 그래도 버클이 전기를 끝맺으면서 니진스키의 삶을 요약한 한 문장은 강렬하다.

"10년은 자라고, 10년은 배우고, 10년은 춤추고, 그리고 나머지 30년은 암흑 속에 가려진 60평생."

첫 번째 10년이다. 니진스키는 무용가 집안에서 2남 1녀 중 둘째로 태어났다. 그의 부모는 러시아로 귀화한 폴란드계 무용수로

바르샤바의 유명한 비엘키 극장Wielki Theatre의 댄서로 활약했다. 니진스키는 4살 무렵부터 부모에게 춤을 배우기 시작했다. 5살에는 어린이들을 위한 부활절 축하 공연에서 아버지에게 배운 호파크(hopak, 우크라이나의 민속 무용. 2/4박자의 남자 춤으로, 쪼그려 앉아서 다리를 번갈아 내차는 동작이 특징이다)를 선보여 데뷔무대를 치렀다. 11살에는 들어가기 힘든 제국발레학교에 입학했다. 태어나는 순간부터 발레의 선택을 받은 아이였다.

두 번째 10년, 천성적으로 지극히 발랄하고 모험적이었던 니진스키는 제국발레학교 시절부터 단연 눈에 띄는 학생이었다. 폴란드계 부모로부터 물려받은 이국적인 외모도 한몫했다. 특히 작은 키에 유난히 발달한 탄탄한 허벅지는 경이적인 도약을 위한 최상의 조건이었는데, 아버지를 닮아 믿을 수 없을 만큼 높이 뛰어올라 원하는 만큼 공중에 머물다 우아하게 착지할 수 있는 특별한 재능을 소유하고 있었다. 결국 니진스키는 16살이라는 어린 나이에 마린스키 극장에서의 데뷔라는 기염을 토했다.

이른 성공이 니진스키에게 안정된 삶을 보장해준 건 아니었다. 니진스키는 자신보다 힘과 권력이 있는 남성에게 우정 이상의 감정을 느꼈는데, 이는 어릴 적 가족을 떠나버린 아버지의 영향일 것이다. 니진스키는 그와 그의 가족들에게 재정적으로 많은 도움을 준 파벨 드미트리예비치 류보프Pavel Dmitrievich Lvov 왕자를 사랑했고, 후에는 자신의 젊음과 재능에 푹 빠진 기획자 세르게이 댜길레프의 연인이 되었다. 니진스키의 일기에 따르면, 그는 댜길레프와의 첫 만남부터 두려움을 느꼈지만 거절할 수 없었다고 한다. 당시 마린스키 무용수들 사이에서 댜길레프의 흥행사적 수완은 널리 알려져 있었고 그와 함께 일한다는 것은 제국극장에서 반년 동안 버는 액수보다 더 많은 보수를 받을 수 있는 기회였기 때문이다.[37] 가족의 생계를 위한 일종의 희생정신이었을까. 아니면 더 나은 삶을 향한 심리적 의존이었을까. 니진스키의 쓸쓸한 말년을 떠올리자면, 댜길레프와의 인연은 과연 악연이었을까, 아니면 선연이었을까. 그러나 댜길레프가 니진스키를 '무용의 신'으로 거듭나게끔 천상의 날개를 달아준 존재인 것만은 분명하다.

니진스키는 댜길레프가 결성한 발레 뤼스에서 주역 무용수로 활약하면서 무용사에 길이 남을 10년을 시작했다. 발레 뤼스는 러시아 최고의 예술인 발레를 유럽에 선보이기 위해 결성된 단체로 20세기 최고의 발레단으로 꼽힌다. 이들은 유럽풍, 동양풍, 러시아풍의 작품을 고루 갖춰 유럽인들에게 친숙하면서도 동시에 이색적인 볼거리로 다가갔다. 유럽 관객들의 반응은 뜨거웠다. 개막 공연을 본 프랑스 소설가 마르셀 프루스트Marel Proust는 이렇게 외쳤다. "매혹적인 러시아인들의 침공이군요!"[38]

발레 뤼스 흥행의 중심에는 니진스키의 눈부신 활약이 있었다. 줄곧 발레리나만을 찬양하던 프랑스 아니었던가. 니진스키가 화제가 된 건 여성보다 치명적인 남성 무용수의 매력이었다. 이는 오래된 발레의 관습을 벗어나 표현력을 강조했던 미하일 포킨의 안무에 활력을 불어넣었다.

니진스키의 주요 작품을 살펴보자. 「셰에라자드Scheherazade」

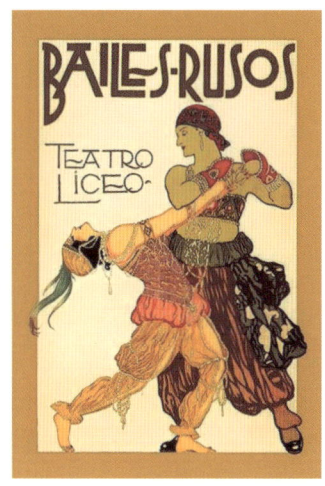

「셰에라자드」포스터(1914), 레온 박스트.

(1910)에서는 왕의 애첩인 조바이데와 쾌락을 즐기는 '황금 노예'를 맡아 아찔하고 정열적인 춤을 선보인다. 왕 몰래 벌이는 노예와의 금지된 사랑이라니. 페르시아의 풍부한 색채 속에서 황금 노예 니진스키는 목숨을 걸 만큼 탐하고 싶은 존재로 거듭난다. 옴 파탈이었다.

또 「장미의 정령Le Spectre de La Rose」(1911)에서는 무도회를 다녀와 잠든 소녀를 유혹하는 '장미의 정령'을 황홀하게 표현한다. 이것은 새로운 섹슈얼리티였다. 이제까지 발레에서 남성은 기본적으로 여성 무용수의 아름다움을 강조하는 보조적인 위치에 머무는 존재였다. 캐릭터는 인간. 그것도 요정의 유혹에 정신 못 차리는 아둔한 성품이거나(「라 실피드」) 약혼자를 버리고 순진한 시골 처녀를 꼬시는 비겁한 성향이거나(「지젤」) 그것도 아니면 마법사의 장난에 흑조를 백조로 착각해버리는 무능한 태도(「백조의 호수」)였다. 하지만 「장미의 정령」에서 니진스키는 남성과 여성의 구분을 초월하는 천상의 존재가 되었다. 몸선을 드러내는 장밋빛 레오타드를 입은 니진스키는 소녀가 앉은 의자에 기대어 선다. 나긋하고 감미로운 어조로 속삭이듯. 섬세하게 움직이는 정령의 팔 동작, 그윽한 장미 향기가 공간을 가득 채운다. 정령은 무대를 가로지르고 공중으로 솟아오른다. 이때 꿈속을 헤매는 소녀는 남성 무용수의 보조적인 수단일 뿐, 이 작품의 진정한 매력은 니진스키의 춤에 깃든 본능과 감정의 정제된 표현에 있었다.

「페트루슈카Petrushuka」(1911)에서 니진스키의 매력은 다시 한번 폭발한다. 이번엔 옴 파탈과 동성애적 매력을 뛰어넘는 휴머니즘이었다. 페트루슈카는 러시아 민속 인형극에 등장하는 광대로, 니진스키는 이 역을 뭉클한 연기로 소화해 무용수 인생에 한 획을 그었다. 작품 속 페트루슈카는 어여쁜 발레리나 인형을 사랑한 죄로 건장한 무어인 인형의 칼에 목숨을 빼앗기는 가엾은 캐릭터다. 페트루슈카는 비록 낡고 오래되어 사지가 뒤틀린 볼품없는 인형이지만 절절히 구애할 줄 아는, 가슴이 뜨거운 존재다. 니진스키가 페트루슈카에 불어넣은 영혼은 이것이 인형인지 사람인지 분명치 않은 판타지를 창조했다. 사랑 앞에서 거칠게 도약하는 모습, 겁에 질려 주눅 든 모습, 끝내 생의 마지막 힘을 다해 절규하는 모습을 어찌나 애처롭게 묘사했던지, 페트루슈카는 22살 니진스키의 인생 캐릭터가 되었다.

니진스키의 천재성은 광기와 한 끗 차이였던 건지, 그의 비범한 예술성은 직접 안무한 작품에서 거침없이 드러났다. 오늘날 그의 대표작은 발레 현대화의 포문을 연 수작으로 평가되지만 당시에는

「장미의 정령」 의상 스케치(1911), 레온 박스트.

초연마다 격렬한 소란을 불러일으키는 골칫거리였다.

「목신의 오후Afternoon of a Faun」(1912)는 말라르메의 상징적인 시, 드뷔시의 몽환적인 음악, 그리고 이를 탁월하게 시각화한 레온 박스트의 의상과 세트, 여기에 형식에 얽매이지 않으며 부유하는 음악을 자유로이 타고 다니는 니진스키의 안무까지. 가히 아방가르드 예술의 결집체라 할 만한 문제작이었다. 게다가 목신은 뛰어난 춤꾼인 니진스키가 직접 맡았다. 하지만 마지막 장면이 문제였다. 젊은 목신이 님프가 남기고 간 스카프를 상대로 일순간 온몸이 경직되었다가 이완되는 마지막 동작이 노골적인 성행위를 연상케 한 것이다. 작품의 외설적인 요소에 관객들은 충격에 휩싸였다. 아니, 보다 정확히 말하면 진정한 예술이라 환호하는 지지파와 더럽고 음란하다며 경

「바츨라프 니진스키를 위한 페트루슈카 의상 디자인」(1911),
알렉산드르 브누아.

악하는 반대파가 갈려 격렬하게 다퉜다. 후에 이는 발레단 내부 분
열을 일으키는 문제로 이어져 발레 뤼스의 첫 번째 안무가였던 미하
일 포킨이 떠나게 된다. 안무가와 무용수로서 훌륭한 파트너십을 보
인 포킨과의 결별이었다.

「봄의 제전Rite of Spring」(1913)은 한 술 더 떴다. 폭동과도 같았던
초연날 밤 객석의 반응은 니진스키에게는 악몽으로 기억되었다. 작
품은 소녀가 희생 제물로 간택되는 의식을 주제로 한다. 이고르 스
트라빈스키의 음악은 음조, 박자, 리듬, 강세가 모두 불협화음이었
다. 불안과 불쾌한 분위기를 자아내는 음악만으로도 불편하기 짝이
없는데, 니진스키의 안무는 한없이 기괴했다. 무용수들은 노인처럼
허리를 숙이고 고개를 비스듬히 꺾은 채 발을 굴렀다. 죽음을 앞둔
소녀가 두려움에 벌벌 떨며 쉼 없이 도약하는 광기 어린 마지막 장
면은 차마 눈 뜨고 볼 수 없을 정도로 야만적이었다. 관객은 무대를

「목신의 오후」(1912), 레온 박스트.

향해 야유를 퍼부었고 환불 요청이 쇄도했으며, 참다 못해 극장에서 나가버린 이들도 많았다. 사실 무용수들에게도 「봄의 제전」은 연습 때부터 고통스러운 사건이었다. 그런 무용수들을 격려하고 초연의 난동도 노이즈 마케팅으로 이용하려 한 댜길레프의 노력에도 불구하고 이 작품은 몇 번의 추가 공연을 끝으로 사람들의 기억 속에 잊히게 된다.

　　　니진스키의 기행은 계속됐다. 댜길레프가 합류하지 않은 투어 공연 도중 자신의 팬이었던 로몰라 드 풀츠키Romola de Pulszky라는 여성과 돌연 결혼한 것이다. 1913년 9월, 니진스키의 갑작스런 결혼 소식은 전 세계 언론에 발표되었다. 이것은 댜길레프를 배신하는 일이었다. 발레 뤼스로부터 해임을 통보받은 니진스키는 점점 고립되

「봄의 제전」 스케치(1913), 엠마누엘 바르셋.

어갔다. 아내의 후원으로 자신만의 발레단을 만들고자 했지만 실패했다. 이렇게 무용의 신은 빛을 잃어갔다. 로몰라의 임신으로 그의 어머니가 있던 부다페스트에 머물고 있는데 제1차 세계 대전이 발발했고, 니진스키는 적군인 러시아 시민으로 분류되어 가택 연금을 당했다.

1916년 그의 석방은 미국과의 포로 교환, 복잡한 국가간 협상, 스페인, 덴마크, 러시아 지도자들의 중재에 의해 진행되었다. 이듬해 니진스키는 다시 발레 뤼스의 미국 투어 공연에 합류했지만, 동료 무용수들의 증언에 따르면 이 무렵부터 그는 정신분열증 징후를 보였다고 한다. 1919년부터 니진스키는 정신병원을 드나들었고 결국 1950년, 61세의 나이로 영원한 춤의 세계로 향했다.

오늘날 춤추는 니진스키를 기록한 영상은 남아 있지 않다. 니

「페트루슈카」에서 니진스키(1911).

진스키를 그린 드로잉과 사진이 몇 점 있을 뿐이다. 니진스키의 불가
해함은 1933년 아내 로몰라가 출간한 니진스키의 전기에 의해 본격
화되었을 가능성이 높다. 그러나 그녀가 쓴 남편의 삶에 관한 글들
은 사실과 달리 과장되고 왜곡되거나 누락된 것이었다. 내막은 이러
했다. 병든 남편을 돌보아야 했던 로몰라에게는 돈이 필요했고, 그러
기 위해 남편의 글을 영화로 제작할 계획이었던 것. 누구도 비난할
수 없는 노릇이지만, 그녀로 인해 니진스키의 삶은 극적인 영화를 위
해 일정 부분 꾸며졌을 것이다. 니진스키가 직접 쓴 일기도 있긴 했
다. 이것은 입원과 감금에 대한 두려움으로 가득 찼다고 알려졌는
데, 원본은 1978년 로몰라가 세상을 떠난 다음 해에 소더비 경매에
나와 4만 5,000파운드에 팔렸다. 결국 리처드 버클도 니진스키의 일
기를 본 적이 없다고 하니 어디까지가 진실이고 어디까지가 가짜인
지 알 길이 없는 셈이다.

마리우스 프티파가 안무를 한 발레 「탈리스만」에서
바람의 신 바유로 분장한 의상을 입은 니진스키.

　　니진스키에 관한 글을 쓰는 이 순간, 그를 직접 만나본 사람
이 과연 몇이나 살아 있을까? 있기나 할까? 그러므로 니진스키가 얼
마나 높게 점프했기에 불가사의가 됐는지, 갑자기 로몰라와 결혼은
왜 했는지, 댜길레프와의 관계는 사랑과 권력 중 어떤 것이 더 강했
는지 우리는 그저 추측과 상상만 할 수 있을 뿐이다. 게다가 버클은
제3판 서문에 로몰라가 동성애 기질이 강했다고 아주 간략하게 진
술했는데, 이것은 나에게 혼란을 가중시키는 대목이었다. 니진스키
의 열성 팬으로서 남편을 위해 끝까지 헌신한 그녀에게 다른 면모가
있었던 것일까? 그나마 분명한 건 니진스키의 쓸쓸한 말년과 왜곡된
삶의 기록, 이것이 그가 무대 위에서 찬란하게 빛났던 시절과 대비
되어 불행한 결말을 극대화시킨다는 것이다. 그리고 어쩌면 바로 그

니진스키의 묘. ⓒ 위키피디아[39]

비극에 대한 연민이, 그를 전설로 남기고자 했던 집단적 욕망의 동력

이었는지도 모른다. 니진스키의 묘에 장식된 페트루슈카처럼.

오빠의 그늘에서, 자신만의 그림자를 만든 여자

니진스키의 여동생 브로니스와바 니진스카(브로니)는 어린 시절, 오빠의 뒤를 따라 세상의 높은 지붕과 낯선 골목길을 누비곤 했다. 두 사람의 어린 시절은 곡예사, 음악가, 무용수들이 북적이던 이동 공연단 속에서 시작되었다. 춤추는 부모와 함께 떠돌던 그들은 무대 뒤에서 재주를 배우고, 무대 위에선 가볍게 데뷔했다. 오빠는 나무 꼭대기에 오를 때마다 황홀한 표정을 지었고, 브로니는 그 모습을 올려다보며 "나는 언제쯤 저만큼 날 수 있을까?"를 생각했다. 이 남매의 유년은 곧 예술가의 훈련소였다. 다만 결정적인 차이가 있었다. 오빠인 바츨라프는 타고난 육체의 천재였고, 여동생 브로니슬라바는 그것을 정교하게 기억하고 움직임으로 번역하는 감각의 천재였던 것이다.

니진스키가 「목신의 오후」와 「봄의 제전」을 구상할 때, 가장 먼저 몸으로 그 안무를 되새겨본 사람이 니진스카였다. 그는 오빠의 실험적인 구상들을 반복하며 외웠고, 동작의 의미를 스스로 이해하며 그 감각을 축적했다. 하지만 오빠의 갑작스런 결혼과 댜길레프의 해고 통보, 이어지는 세계 대전과 혁명은 이 남매를 일곱 해 동안 갈라놓았다. 그 사이 니진스카는 전장의 한복판에서 스스로 안무가로 성장했고,

1921년 마침내 오스트리아 빈에서 오빠와 재회했을 때, 그녀는 더 이상 그림자가 아니었다. 무용의 신의 여동생이 아니라, 자신만의 춤 언어를 발견한 창작자로 다시 태어난 것이다.

니진스키가 광기 어린 무대 위에서 육체의 본능과 죽음의 충동을 춤췄다면, 니진스카는 그 뒤를 따라, 차가운 현실과 억압된 집단 속 개인의 감정을 탐색했다. 「결혼 Les Noces」(1923)은 그 정점에 놓인 대표작이다. 이 작품은 농가의 혼례를 주제로 하지만, 그 이상으로 혁신적인 예술적 실험 정신이 녹아 있다. 작품은 이고르 스트라빈스키의 강박적인 타악 리듬과 네 대의 피아노, 그리고 무표정한 합창이 감정을 억누른 채 쌓여가듯 쏟아진다. 니진스카는 이 음악에 몸을 실은 듯, 전통적인 서사 대신 절제된 절규로 무대를 채운다. 작품은 네 개의 장면—신부의 축복, 신랑의 축복, 신부의 출가, 결혼식—으로 구성되는데, 익명의 집단이 반복적으로 행하는 동작들은 어딘지 모르게 불편하고 불길하다. 특히 여성 무용수들이 머리를 차곡차곡 쌓아 올려 탑처럼 만드는 장면은 전설적이다. 그 위에 신부는 고개를 떨군 채 마지막 사적인 시간을 누린다. 결혼은 축복이 아닌, 체념의 의식이다.

니진스카의 안무는 고전 발레의 부드러운 선과는 거리가 멀다. 그녀는 여성 무용수들을 포인트에 올려 아이콘처럼 길게 뻗은 실루엣을 만들었고, 발끝이 무대를 두드리는 소리조차 신성함보다는 강인함을 상징했다. 에폴망epaulement 대신 정면을 향한 구성이 지배적이었고, 집단이 한 몸처럼 움직이면서도 미세한 어긋남에서 개별성이 드러났다. 이러한 모더니즘적 집단성은 개인을 삼키는 권위의 형상을 시각화하면서도, 바로 그 안에서 꿈꾸는 개인의 슬픔을 부각시켰다.

니진스카는 이 작품에서 화려함을 완전히 거부했다. 발레 뤼스의 미장센에 익숙했던 관객에게 나탈리아 곤차로바(Natalia Goncharova, 1881~1962)의 회갈색과 검은색 의상과 절제된 세트는 충격이었다. 하지만 이 간결함이야말로, 전통이라는 명목 아래 규격화된 삶의 의식을 드러내기에 가장 효과적인 장치였다. 여기에 여성을 바라보는 시선 또한 전복된다. 비평가 야니스 버만Janis Bergman-Carton은 "이 작품의 결혼은 사랑보다 자유의 상실에 가깝다."고 말한다. 여성의 욕망, 꿈, 사적인 권리를 체계적으로 거세해가는 제의. 니진스카는 바로 그 복잡하고 현대적인 비극을 무용으로 번역해냈다.

「결혼」은 오빠 니진스키의 「봄의 제전」과 짝을 이루는 작품이자, 여성 안무가로서의 선언문이기도 했다. 그녀는 혁명을 겪은 몸으로, 한 시대의 종말과 시작을 목격한 눈으로, 그리고 오빠를 잃어가는 동생의 심정으로 무대를 구성했다. 무대 위의 절도 있는 손짓과 무표정한 얼굴 뒤에는, 그 어떤 슬픔보다 깊은 감정이 숨 쉬고 있는 듯하다.

13장

바가노바 메소드,
발레 교과서의 탄생

육체의 훈련을 과학적으로 설계한 바가노바의 발레 교수법

"바가노바 발레학교는 병기를 만드는 곳입니다."

마린스키 발레단의 수석 무용수 김기민이 한 방송에서 남긴 이 한마디는 짧지만 강렬하다. 전 세계 발레리노들이 선망하는 무대의 최정점에 선 이 동양인 무용수는, 자신이 발레단에서 경험한 바가노바 발레학교를 그렇게 불렀다. 그곳에서의 시간은 신체의 모든 조건을 시험당하고, 해부학처럼 분절된 움직임을 반복 훈련하는 훈육의 시간이었다. 바가노바 발레학교에서는 입학부터 전쟁이 시작된다. 다리 길이, 발등 높이, 관절의 각도와 균형 감각까지, 모든 것을 평가받는다. 심지어 부모의 신체 조건까지 참고 요소로 삼는다. 선발된 아이들은 8년이라는 시간 동안 '버티거나, 탈락하거나'의 구조

속에서 살아남아야 한다. 매 학년은 고유의 기술적 목표와 수업 구성이 존재하고, 한 학기마다 미세한 움직임의 완성도를 측정받는다. 그리고 그런 훈련의 끝에서, 단 한 명만이 마린스키로 간다. 이렇게 보았을 때, 김기민의 말은 비유가 아니다. 그가 말한 '병기'란, 철저하게 계산된 육체와 절제된 감정이 결합된 예술적 존재를 뜻한다.

바가노바 발레학교는 안나 파블로바와 바츨라프 니진스키 등 발레의 전설적인 무용수들을 배출한 제국발레학교를 전신으로 한다. 1738년 안나 이바노브나 여제가 설립한 이 학교는 러시아에서 서구 문화와 원시 러시아 문화가 혼합되던 당시의 상황에서 발레가 사교춤의 영역을 넘어 예술로 정립된 최초의 전문 교육기관이었다. 이후 예카테리나 2세 통치 하에 제국발레학교는 '무용학교'에서 '극장학교'로 전문화되었고, 이 시기에 개편되고 확립된 8년제 교육 과정은 마리우스 프티파가 이끌던 19세기 러시아 고전 발레의 황금기까지 이어졌다.[40]

당시 제국발레학교는 오스트리아, 이탈리아, 프랑스 출신 교사들에 의해 운영되었다. 초기의 프랑스 출신 마스터인 샤를 루이 디델로에 이어, 이탈리아 출신 엔리코 체케티Enrico Cecchetti와 스웨덴 출신의 크리스티안 요한슨Christian Johansson은 러시아 발레의 기초를 다진 인물들이다. 이들은 강렬한 테크닉의 이탈리아식 기량과 프랑스식의 우아함을 결합시키며 러시아 발레의 독창성을 정립했지만, 교육 체계는 각 교사의 취향과 경험에 따라 이뤄지는 비체계적 방식에 머물러 있었다. 예를 들어 체케티의 경우 무용수 시절 화려한 기

「르 플르티에 거리에 있는 오페라 극장 댄스 로비」(1872), 에드가르 드가.

「바에서 연습하는 무용수들」(1877), 에드가르 드가.

량을 보유했던 자신의 경험을 바탕으로 빠른 스텝, 높은 도약과 속
도감 넘치는 회전 기술의 강조를 특징으로 했는데, 이러한 이탈리아
식 발레는 동시대 유럽 발레계에서 각광받고 있기도 했다.

　　아그리피나 바가노바(Agrippina Vaganova, 1879~1951)는 체케티의 제
자로, 당시 교육 체계의 한계를 직접 경험한 인물이다. 1897년 제국
발레학교를 졸업한 그녀는 발레리나로 활동했던 시절 자신의 근본
적인 문제를 교육에서 찾았다. 선천적으로 굵은 다리와 몸통은 이
탈리아식 기량을 섭렵하기에 좋은 조건이었지만, 표현력을 결정짓는
상체의 유연함과 섬세함은 부족했던 것이다. 그녀 자신이 마린스키
극장을 일컬어 "나 자신과 낡은 교육 시스템에 대한 불만의 고통이

「무용 수업」(c. 1870), 에드가르 드가.

시작된 곳"이라 표현할 만큼, 무대 위의 만족보다 기술적 불완전함과 이론적 회의에 시달렸다. 그 결과 제국극장으로부터 수석 무용수의 지위를 얻은 지 1년이 지난 1916년 무용수로서의 삶을 과감히 마감하고 교육자로 제2의 인생을 시작한다. 그녀의 교육 목표는 기교적인 이탈리아식 발레와 표현적인 서유럽 발레의 조화, 즉 '팔과 다리 동작의 조화'와 '우아하지만 정확한 동작'을 통합하는 것이었다.[41] 바가노바는 1921년부터 제국발레학교 학생들을 가르쳤다. 프랑스와 이탈리아 스타일이 결합된 초기 러시아 발레의 기술적 요소를 기반으로 체계적인 훈련 방법을 개발했다. 독자적인 교수법을 온전히 완성하겠다는 사명 의식으로 연구에 몰두한 그녀는 1934년 일명 '바가노바 메소드Vaganova ballet method'를 완성한다.

그러므로 바가노바 메소드는 러시아 발레에 국한된 것이 아닌 이탈리아, 프랑스, 덴마크 등이 교류한 발레의 역사, 사회주의 체제의 특수성에 기반하여 사회과학이 발전한 정치적 맥락이 모두 녹아 있는 것이라 할 수 있다. 특히 그녀의 교수법은 러시아가 사회주의 혁명의 바람으로 변화하던 때와 함께한다. 1917년 볼셰비키 혁명이 끝난 이후 소비에트 인민교육위원회가 결성되고, 제국극장은 소비에트 인민교육위원회로 대체된다. 바로 이어 정권은 교육 시스템을 재구조화하기 시작했는데, 사회 체제와 교육계에 불어닥친 변화와 혁신의 바람은 발레학교에도 영향을 미쳤다.

이때 발레학교와 극장에는 전통을 고수하고자 하는 세력과 모더니즘의 조류 안에서 개혁의 움직임을 실천하려는 시도가 공존했다. 미하일 포킨이 발레 뤼스를 통해 러시아를 떠나 서구로 눈을 돌렸다면, 바가노바는 발레 교육계에서 자신의 자리를 굳건히 지켜 오늘날 발레의 정석이라 할 수 있는 『고전 발레의 기초Basic Principles of Classical Ballet』(1934)를 출간했다.

실제로 바가노바 메소드의 체계성과 해부학적 접근은 당시 소비에트 사회 전반의 과학주의적 사고와 깊은 관련이 있다. 1920~1930년대 소비에트 체제는 기술과 과학을 사회 진보의 핵심 동력으로 삼았고 우주과학, 산업설계, 군사공학 등의 분야에서 이뤄진 괄목할 만한 성장은 인간 육체의 훈련 또한 과학적으로 통제하고 설계 가능하다는 이념으로 확장되었다. 이와 같은 흐름 속에서 발레

또한 예술이자 기술로 간주되었으며, 바가노바가 고안한 교수법은 신체 움직임을 세분화하고, 해부학적 원리에 따라 반복적으로 훈련하는 구조로 발전하게 되었다. 그녀의 저서인『고전 발레의 기초』는 인간의 몸을 예술적 목적에 맞게 조형하기 위한 과학적 이론서로 기능했으며, 이는 소비에트 체제 아래에서 국가적 수준으로 전파되며 발레 교육의 표준으로 자리 잡아 동구권 공산주의 나라에 공유되었다. 따라서 바가노바 메소드는 고전 미학의 계승이자, 소비에트 과학주의의 실천이라는 성격을 동시에 지닌다고 할 수 있다.

바가노바 메소드는 프로 댄서를 만들기 위한 최소한의 기간을 단계별 커리큘럼으로 구성한 교수법이다. 총 8년의 교육 과정은 초급1~3학년, 중급4~5학년, 고급6~8학년으로 구분되어 있으며, 단계마다 담당 교사가 배정된다. 즉 초급 과정의 교사가 고급 과정을 지도하지는 않는 것이다. 또 한 학년의 교육 기간은 10개월이며 주 6회, 1일 90분 수업이 기본 형태인데, 기본적으로 바 워크 → 아다지오 → 알레그로라는 수업 단계를 공유한다.

이 과정 속에서 바가노바 메소드는 동작 하나하나를 분석하고 세분화한 단계별 훈련을 구조화했다. 특히 단계별 훈련의 명확한 목표와 상세한 지도 방침이 제시된다. 예를 들어 1~3학년의 미션은 드미 포인demi pointe으로 모든 동작 수행이 가능하게끔 하는 것이며, 4~5학년에서는 드미 포인에서 그랑 포즈와 앙투르낭en tournant이 추가된다. 그리고 6~8학년에서는 더블 피루에트와 새로운 그랑 점프 등이 추가되며 발전된 테크닉을 습득하는 식이다.

「바에서」(1888). 피에르 카리에 벨뢰즈.
발레 수업에서 가장 기본이자 필수적인 바 워크의 가치를
시각적으로 보여주는 그림이다.
무용수들은 바에 몸을 고정한 채, 근력과 정렬, 균형, 호흡을 다듬는다.
바는 발레 테크닉의 기초 체계를 세우는 훈련으로서 반복되는 연습과 집중의 순간들이
무대 위 유연한 선과 완성된 움직임으로 이어진다.

이는 운동 역학, 생리학, 해부학적 지식을 바탕으로 발전된 것이다. 나이대별 신체의 성장 과정을 고려하고, 신체 부위를 세분화하여 체계적인 훈련을 가능케 하는 것이다. 예를 들어 바 워크에서 진행되는 바트망 탕뒤Battement Tendu, 바트망 탕뒤 주테Battements tendus jetes, 그랑 바트망Grand Battement의 순서는 관절의 가동 범위를 점차 확장시키며 발목, 무릎, 골반의 움직임을 좌우하는 주변 근육의 강도를 강화시키는 과정이다.

또한 근육 사용의 질을 다양한 방식으로 훈련하는 것도 놀랍다. 바트망 프라페Battements Frappe가 탄력적이라면, 바트망 퐁뒤 Battement Fondu는 부드럽고 유연한 연장을 강조하는 등 다양한 기초 동작의 원리에 훈련의 분명한 목적이 들어 있다.

바가노바 메소드는 동작별 정확한 훈련 방식을 전하고, 각 동작을 언제, 얼마나 오랫동안 훈련할 것인지에 관한 교육 과정은 물론, 습득하는 시기에 따라 적절한 음악의 박자와 속도도 제시한다. 예를 들어 바트망 탕뒤 포르 르 바트리(Battements tendus pour le batteries, 한쪽 다리의 발을 플렉스한 상태로 지탱한 다리의 앞, 뒤, 앞을 교차로 왔다 갔다 하는 동작)의 경우, 3학년에서는 1/8박자로 수행하다가 4~5학년에서는 1/16박자로 속도를 높여 민첩성을 발달시킨다.

단계별 훈련을 체계화한 바가노바의 교수법은 부르농빌의 방식과 비교할 때 그 특징이 더욱 명확해진다. 부르농빌의 수업은 '월요일 스텝', '화요일 스텝' 등 요일별로 동일한 동작이 반복되는 여섯 개의 세트로 구성된다. 반주 음악 역시 별도로 존재하며, 각 세트는 고

「무용수」(1897), 피에르 카리에 벨뢰즈.

「발레 수업」(1914), 피에르 카리에 벨뢰즈.

「발레 수업」(연도 모름), 피에르 카리에 벨뢰즈.

정된 순서를 따른다. 구체적으로는 워밍업 기능을 하는 세 개의 바 워크와 다양한 연결 동작을 연습하는 20~25개의 앙셴망Enchaînement 으로 이루어진다. 이 고정된 커리큘럼은 발레를 시작하는 초급자부 터 무대 경험이 풍부한 프로 무용수까지 동일하게 적용된다는 점에 서, 학년별 차별화된 교육 단계를 강조하는 바가노바 시스템과 뚜렷 하게 구분된다. 부르농빌의 전통을 핵심으로 삼고 있는 덴마크 왕립 발레단에서는 현재 부르농빌 정통 클래스를 하지 않지만, 때때로 몇 가지 부르농빌 순서와 음악을 넣어 진행한다.:7

바가노바 메소드는 소비에트 시기 레닌그라드(오늘날 상트페테르부르 크)에서 전국으로, 그리고 오늘날에는 전 세계로 확산되어 여전히 살 아 있는 교수법으로 전승되고 있다. 그리고 '바가노바 발레학교'라는 명칭은 그녀가 사망한 지 6년 후인 1957년에 그녀의 이름을 따서 명 명된 것이다. 그녀의 가르침을 기리기 위해서다. 현재 바가노바 발레 학교의 역사는 300년에 달하고 있으며, 재학생 수는 300여 명이다. 매년 6월에 치르는 입학 시험에는 수천 명의 어린이들이 지원하여 70여 명 정도만 합격하며, 매년 졸업생은 30명 정도에 불과하다. 그 만큼 바가노바 발레학교는 극도로 어려운 훈련 과정과 엄격한 교육 시스템으로 유명하다. 그리고 프로 무용수를 위한 교육 과정으로

:7 부르농빌 교수법은 그가 직접 정리한 『애튀드 안무 기법(Etudes Choregraphiques)』(1861)에 기초하고 있으며, 이후 무용사가 릴리언 무어(Lillian Moore)에 의해 분석·보완되어 1962년 에 출판된 저서 『부르농빌과 발레 테크닉(Bournonville and Ballet Technique)』에 상세히 소 개되어 있다.

「발레학교」(1889), 폴 구스타프 피셔.

「공연 전에(드레싱 룸)」(1897), 피에르 카리에 벨뢰즈.

서, 발레 무대에서 필요한 다양한 역량을 교육한다. :8

　　이 교수법은 동결된 이론이 아닌, 교사들의 해석과 실행에 따

:8　히스토리(역사무용 1~3학년), 짐나스틱(주 2회, 1~4학년), 일반 교양(1~3학년), 캐릭터(4~6학
　　년), 파드되(주 2회, 6~8학년), 액팅(발레에 들어가는 연기, 6~8학년), 현대, 펜싱, 음악(악기
　　연주) 등이 있다.

「발레 무용수들(드레싱 룸)」(1885), 윌러드 메트캘프.

라 유기적으로 변화하는 언어처럼 작동한다. 발레계에서 바가노바를 "몸의 언어를 문법처럼 가르칠 수 있게 한 인물"이라 부르는 이유도 여기에 있다. 바가노바의 직접 제자였던 나탈리아 두딘스카야(Natalia Dudinskaya, 1912~2003)는 그 원형을 정통으로 계승한 인물이다. 이후 류드밀라 코발레바(Ludmila Kovaleva, 1946~)는 두딘스카야의 가르침을 받은 대표 제자로, 현재 안나 파블로바의 계보를 잇는 현역 교수 중 한 명으로 평가된다. 그녀의 수업은 고전 테크닉의 엄격함과 심리적 유연성, 동작 안의 감정선을 함께 가르치는 것이 특징인데, 수업 중 학생 개인의 해부학적 특징이나 개성에 따라 정교하게 교정하는 맞춤형 교육을 실천하는 것으로 유명하다. 코발레바의 제자로는 디아나 비쉬네바Diana Vishneva, 올가 스미르노바Olga Smirnova, 그리고 SNS로 대중적 인기를 확보한 마린스키 발레단의 마리아 호레바Maria Khoreva 등이 있다.

예술로서 진짜 발레는 연습실에서 시작된다. 교사의 손끝 하나, 시선 하나에 따라 수년간 축적된 훈련이 미묘하게 달라진다. 폴 구스타프 피셔의 그림 「발레학교」(1889)에서 학생들은 몸의 언어를 익히는 법을 배우고 있고, 교사는 테크닉뿐만 아니라 표현의 규율을 전달한다. 카리에 벨뢰즈와 피셔의 그림은 예술이 반복 위에서 자라고, 반복은 예술을 향해 조정되고 있음을 담고 있는 듯하다.

꿈의 연습실로 가는 길

한국의 발레 교육은 예술 중·고등학교를 거쳐 대학으로 이어지는 입시 중심 체계이지만, 해외에서는 전문 발레학교 졸업 후 프로 발레단에 입단하는 시스템이 일반적이다. 최근 국내에서도 대학을 거치지 않고 해외 조기 유학을 통해 발레단에 입단하는 사례가 많아지면서 해외 발레학교에 대한 관심도 높아지고 있다. 하지만 발레학교를 "어디가 제일 유명하지?"라는 질문으로만 고른다면, 좀 아쉽다. 발레 전공생에게 더 중요한 질문은 '나와 잘 맞는 교육 방식이 어디에 있는가'일 수도 있다. 세계 각국의 명문 발레학교에는 지리적 차이만 있는 게 아니라, 교육 철학 자체가 완전히 다르기 때문이다.

교육 철학이나 문화적 특징에 따라 대표적인 발레학교를 유형화해볼 수 있다. 예를 들어 고전미의 정수를 갈고닦고 싶다면, 바가노바 발레학교를 비롯해 러시아의 볼쇼이 발레학교, 프랑스의 파리 오페라 발레학교, 그리고 영국의 로열 발레학교 등이 있다. 이들은 대개 국립극장이나 상주 발레단과 직접 연결되어 있으며, 전통적인 테크닉 계보를 그대로 계승하는 것이 교육의 중심 목표다. 엄격한 선발 기준, 위계적이고 수직적인 교육 구조, 군대식 훈련에 가까운 커리큘럼은 고전 발레에서 요구되는 규율의 미학을 몸에 새기기에 적합하다.

반면, 독일의 함부르크 발레학교나 네덜란드 국립 발레학교, 존 크랑코 발레학교, 폴크방 예술대학Folkwang Universität der Künste 등은 예술가로서의 자율성과 해석력을 중시한다. 클래식과 함께 동시대 예술적 흐름을 고려한 컨템퍼러리 발레 교육이 활발하며, 안무가적 감각을 키우고 싶은 학생에게 어울리는 환경이다. 특히 독일은 공공지원이 강력해 등록금이나 교육비 부담이 상대적으로 적은 점도 장점이다. 기숙사, 영양 관리, 부상 예방 시스템 등도 국비로 지원되는 경우가 많다.

미국으로 시선을 돌리면, 완전히 다른 교육 패턴이 펼쳐진다. 아메리칸 발레 시어터ABT의 공식 발레학교인 재클린 케네디 오나시스 스쿨JKO은 고전, 현대, 민속무용까지 융합한 통합 커리큘럼으로 유명하다. JKO 스쿨과 ABT 발레단 사이에는 ABT 스튜디오 컴퍼니ABT Studio Company라는 중간 단계가 존재한다. 이는 JKO 스쿨의 상급생 및 외부 영재들을 대상으로 한 실전 무대 훈련 시스템으로, ABT 단원 중 약 3분의 2가 이 스튜디오 컴퍼니 출신일 정도로 연결성이 강하다. 이러한 구조는 바가노바 아카데미 → 마린스키 발레단이나 파리 오페라 발레학교 → 파리 오페라 발레단과 유사하지만, 보다 유연하고 창작과 실전 중심의 미국형 훈련 체계로 발전시켰다는 점이 특징이다. 또한 뉴욕의 SABSchool of America Ballet는 조지 발란친의 미학과 철학을 가장 순수하게 계승하는 기관으로, 세계의 어떤 발레학교와도 구별되는 특이점을 가진다. 발란친 스타일의 본거지로서, 빠른 템포, 기하학적 포지션, 민첩한 발놀림이 훈련의 핵심이 되며, 뉴욕시티발레단NYCB과의 긴밀한 연계 구조 또한 강점이다.

이 외에도 워싱턴 발레학교, 캐나다 국립 발레학교, 영국 국립 발레학교, 모나코의 프린세스 그레이스 아카데미, 모나코 왕립 발레학교, 샌프란시스코 발레학교, 조프리 발레학교 등은 각자의 지역성과 예술 철학을 바탕으로 세계 무대에서 독자적인 교육 색깔을 펼치고 있다.

이제 세계의 발레학교를 랭킹으로 고르는 시대는 지났다. 어떤 학교가 더 유명한지가 아니라, 어떤 교육 방식이 나의 성향과 신체 조건에 맞는가, 어떤 무용 세계를 지향하는가가 더 중요한 질문이다. 규율의 정점에

「녹색 옷의 무용수」(c. 1883), 에드가르 드가.

서고 싶다면 러시아나 프랑스를, 표현과 창작을 추구한다면 독일을, 실용성과 다양성의 무대를 원한다면 미국을 선택할 수도 있다. 결국, 좋은 학교란 '무엇을 가르치는가'만큼 '어떻게 가르치는가'를 고민하는 곳이다.

14장

발레의 몸통,
'코르 드 발레'의 힘

군무의 매력, 그리고 무대 위에서 남몰래 흘리는 눈물

파리의 가르니에 극장. 천천히 막이 오르자 무대 위 조명이 켜진다. 텅 빈 무대에 여성 무용수가 홀로 걸어 나온다. 소박한 연습복 차림에 오른손에는 연습용 튀튀와 낡은 슈즈를, 왼손에는 생수 한 통을 들고서, 성큼성큼. 무언가 스펙터클한 춤을 기대할 수 있는 분위기는 아니고 게다가 이 무용수, 나이가 꽤 있어 보인다. 관객 모두가 숨죽이고 있을 때, 그녀가 나지막이 말을 한다.

"안녕하세요. 제 이름은 베로니크 드와노입니다. 저는 기혼자이고 두 아이가 있습니다. 6살, 12살. 저는 마흔둘입니다. 그리고 8일 뒤에 은퇴합니다. 오늘 밤은 파리 오페라에서의 저의 마지막 공연입니다. (중략) 파리 오페라 발레단에서 저의 직급은 쉬제Sujet입니다. 이것은 코르 드 발레 파트(군무)와 솔리스트 역을 모두 춤출 수 있음을 의미하죠. 저의 월급은 3,600유로입니다. 저는 절대 '스타'가 될 수 없습니다. 저의 재능이 충분치 않다고 생각합니다."

2004년, 프랑스 안무가 제롬 벨Jerome Bel이 기획한 공연 「베로니크 드와노Veronique Doisneau」의 첫 장면이다. 이 공연은 무용수의 자전적 이야기를 담은 일종의 연극 다큐멘터리 형식으로, 은퇴를 앞둔 드와노는 무대 위에 홀로 서서 직업 무용수로서의 자신의 경력을 회고한다. 존경하는 안무가 루돌프 누레예프Rudolf Nureyev에 대한 증언을 늘어놓다가 자신이 특별히 좋아하는 춤인 「라 바야데르」 셰이즈 3인무 중 두 번째 베리에이션을 선보이고는 가쁜 숨을 고른다. 계속해서 자신이 춤을 추며 만났던 위대한 안무가들과 영감을 얻은 발레리나들을 열거하고, 평생의 꿈이었던 「지젤」 솔로 베리에이션도 선보인다. 드와노의 춤과 내레이션이 뒤섞인 공연을 통해 관객들이 마주하는 건 한 발레리나의 인생이다.

내가 이 공연을 영상물로 본 건 10여 년 전쯤 대학원 수업에서였다. 새로운 무용 경향으로 프랑스 농당스:9를 배우고 있었는데, 드와노에게 지나치게 몰입한 나머지 울컥해 어찌할 바를 모르던 기

:9　농당스(Non-dance)는 1990년대 프랑스를 중심으로 나타난 새로운 무용 경향으로, 전통무용의 동작이나 구성 방식을 사용하지 않고 다른 공연예술(연극, 비디오, 음악, 조형 예술)을 통합하거나 대체하는 방식을 취한다.

「무용수들의 프리즈」(c. 1895), 에드가르 드가.

억이 있다. 시간이 지나면서 이 영상을 볼 일이 종종 있었다. 그때마다 뭉클했다. 평생 무명으로 무대 위에서 춤추다가 은퇴 직전 수천 명의 관객 앞에서 자신의 이야기를 한다는 것. 그것도 줄곧 수십 명 중의 한 명으로만 춤추던 가르니에 극장에서 단독으로 자신의 이름을 걸고 하는 처음이자 마지막 공연이라니! 이 지점이 감동 포인트였다. 그렇지만 이 모든 것은 안무가의 정교한 의도 아래 설계된 것이었다. 얼마나 영리한 안무가란 말인가.

우리는 스타에 열광한다. 1등만 기억하는 세상! 발레의 세계도 그렇다. 무용수들은 철저하게 계급이 나뉠 뿐 아니라 발레 무대에서는 그 계급에 따라 등장하고 줄을 서고 움직이고 춤춘다. 드와노처럼 수십 년을 춤추고도 무대 위에서 이름이 불리지 못한 이들이 얼마나 많을까? 코르 드 발레는 프랑스어로 '발레의 몸체corps'라는 뜻으로, 군무진 무용수를 의미한다. 용어적으로 발레 전체를 지탱하는 핵심이라는 의미가 담겼다. 그러나 전통적인 발레 작품에서 코르 드 발레는 그야말로 인간 병풍이다. 그들의 춤과 존재 자체는 오로지 주인공을 돋보이게 한다는 단 한 가지 목적을 지니기 때문이다. 그 노고가 얼마나 큰지 다시 드와노의 이야기를 들어보자.

> "클래식 발레에서 가장 아름다운 것 중 하나는 「백조의 호수」의 장면입니다. 32명의 여성 무용수로 이루어진 코르 드 발레가 함께 춤춥니다. 그러나 이 장면에서 우리에게는 오랫동안 움직이지 않는 순간이 있습니다. '포즈'. 우리는 스타를 강조하기 위해 인간 장식이 됩니다. 이것은 우리에게 가장 끔찍한 일입니다. 저의 경우를 예로 들자면 소리를 지르거나 무대를 떠나고 싶습니다."

이렇게 말하곤 「백조의 호수」 2막의 한 장면을 선보인다. 차이콥스키의 서정적인 음악이 흘러나오자 그녀는 자신의 자리에 서서 하염없이 포즈를 취하고 있다. 이 대목은 마법에 걸린 오데트 공주와 지그프리드 왕자가 애절하게 2인무를 추는 하이라이트 장면이다. 그러나 이 순간 무대 위에 주인공은 없다. 광활한 무대 한쪽에서 자신의 자리를 지키고 있는 한 마리의 백조만 있을 뿐. 그렇다. 이 공연의 또 다른 울림은 코르 드 발레의 노고를 전면에 내세워 말한다는 것에 있었다. 주역이 쉴 새 없이 움직이는 동안 부동의 자세로 멈춰 있는 코르 드 발레. 그들은 그렇게 한참을 서 있다가 수십 명이 한

「발레 무용수들」(1885), 툴
루즈 로트레크.

몸이 되어 칼같이 박자와 줄을 맞추기 위해 신경을 곤두세우고 있
다. 이는 분명 주역이 고난도의 테크닉을 선보이는 것과는 또 다른
차원의 수고스러움을 감당해야 한다.

인간 병풍을 만든 클래식 발레가 가혹하게 느껴지는가. 그렇
지만 코르 드 발레가 선사하는 장면은 클래식 발레의 백미 중 백미
라 할 수 있다. 대표적인 것이 '발레 블랑Ballet Blanc'이다. 오로지 잘 훈
련된 코르 드 발레만이 선보일 수 있는 영역이다. 발레 블랑은 프랑
스어로 '백색 발레'라는 의미다. 주로 어두운 숲속이나 달밤을 배경
으로 하얀 튀튀를 입은 수십 명의 발레리나가 연출하는 장관을 일
컫는다. 발레 블랑은 낭만 발레 시절 빠지지 않고 등장하는 필수 장
면이었다. 그런데 이것의 기원은 발레에서 단순히 환상적인 장면 연

출이라는 의미보다 더 큰 역사적 맥락을 품고 있었으니, 바로 혁명의 상징이다. 프랑스 혁명 당시 발레는 혁명의 축제를 무대에 재현하는 장대한 규모의 형태로 공연되었다. 이때 흰 드레스를 입은 다수의 여성들이 등장해 극의 절정이나 피날레를 장식하는 풍조가 있었다. 이는 현대적 의미의 코르 드 발레가 최초로 발생한 순간이었다. 그러니 면밀히 따지자면 코르 드 발레와 발레 블랑은 동시에 탄생한 것이다. 의상은 당시 폭발적으로 유행했던 하얀 모슬린 드레스와 유사했는데 발레 무대에서 흰색은 순수, 아름다움, 자기희생, 자유, 이성을 상징했고 흰옷을 입은 여성 무용수들은 우아한 동작을 통한 순결무구함을 대변했다.[42]

　　발레 블랑이라는 명칭이 생겨난 건 낭만 발레가 절정을 맞이하면서부터다. 그 기원은 「라 실피드」의 결정적인 영감이 된 「악마 로베르」의 하이라이트 장면, 수녀들이 도발적인 춤을 추는 '지옥의 무도회' 장면일 것이다. 여기서 많은 부분 영향을 받은 「라 실피드」에서 발레 블랑은 2막의 시작, 제임스가 실피드를 찾아 달려온 숲속에서 펼쳐진다. 요정들이 입은 백색의 긴 드레스는 발을 겨우 내놓을 정도의 긴 로맨틱 튀튀이며, 이는 겹겹의 망사로 풍성하여 다리 전체를 감싸는 커다란 종 모양이다. 그 밑으로 보이는 발은 헤아릴 수 없을 정도의 아기자기한 스텝들을 민첩하게 선보인다. 촘촘한 스텝들의 연결로 하여금 요정들은 허공을 날아다니게 되고 가볍게 떠다니는 연기처럼 미끄러지게 된다. 어떤 것에도 구속받지 않는 초자연적인 분위기에 대중의 반응은 압도적이었다.

「백색 발레」(1904), 에버렛 신.

「발레 무용수들」(19세기 후반~20세기 초반), 알렉상드르 뤼누아.

낭만 발레의 또 하나의 대표작인 「지젤」에서도 발레 블랑은 지젤의 무덤가를 배경으로 한 2막과 함께 시작된다. 이것이 소박하지만 활기찬 농촌을 배경으로 한 1막과 극적인 대비를 이루면서 영적인 분위기가 더욱 강조된다. 여기서는 죽은 처녀의 영으로서 윌리들의 신비로우면서도 서늘한 분위기의 발레 블랑을 볼 수 있다. 윌리들는 「악마 로베르」의 수녀들이 지닌 파멸의 힘과 「라 실피드」의 요정들이 지닌 순결하고 가벼운 매력을 아우른다. 그리하여 「라 실피드」의 발레 블랑이 순결무구한 천사들의 합창이라면, 「지젤」의 발레 블랑은 남성들의 생사를 초월적으로 통제하는 여사제들의 우아한 의식처럼 느껴진다. 두 작품을 통해 실피드와 지젤은 낭만 발레의 상징과도 같은 캐릭터가 되었다. 여기엔 명실공히 실피드의 신비로

「발레」(19세기 후반), 가스통 라투슈.

운 매력과 지젤의 영묘한 매력을 충실히 조력한 발레 블랑, 즉 코르드 발레의 공헌이 있는 것이다.

낭만주의 열풍이 지나서도 발레 블랑은 명맥을 이어갔다. 그동안에 발레의 종주국은 파리에서 러시아로, 스타일은 낭만 발레에서 고전 발레로, 또 발레 의상은 로맨틱 튀튀에서 접시 모양의 클래식 튀튀로 변화했지만 발레 블랑은 사라지지 않았다. 러시아에서 고전 발레 양식을 구축한 마리우스 프티파가 발레 블랑이 흥행 요소라는 점을 간파한 것이다. 대표 작품은 「백조의 호수」와 「라 바야데르」가 있다. 프티파의 고전 발레는 다른 사조로 구분될 만큼 앞선 프랑스의 낭만 발레와 여러 차이점을 지닌다. 하지만 공통점으로는 작품의 내용상 마법의 요소가 있다는 점을 꼽을 수 있는데, 이 지점

「발레 장면」(1915), 에른스트 오플러.

이 고전 발레에서도 발레 블랑이 펼쳐질 수 있는 조건이 된다.

예를 들어 「백조의 호수」에서는 오데트 공주가 로트바르트의 마법으로 인해 낮에는 백조의 모습으로 살아가는 처지다. 야속한 운명이지만 신비롭다. 발레 블랑은 2막과 4막에서 오데트를 중심으로 한 백조들의 군무로 표현된다. 백조들의 환상적인 발레 블랑은 극의 신비로운 분위기를 조성하고 개연성을 높이는 데 큰 역할을 한다. 백조들이 춤추는 호숫가는 환상 속의 한 장면처럼 몽환적이고, 백조들의 춤은 지그프리트 왕자가 오데트에게 사랑에 빠지지 않고는 못 배길 만큼 애달프면서도 신성하다.

인도 사원의 무희인 니키야가 귀족과 금지된 사랑을 했다는 이유로 희생당하는 내용의 「라 바야데르」에서 발레 블랑은 3막 망령의 왕국이다. 줄거리 상 니키야가 죽은 후 그를 사랑했던 귀족 솔로르의 환각 속에서 등장한다. 솔로르는 니키야가 자기 때문에 죽었다는 죄책감에 괴로워하다 아편에 취한다. 꿈과 같은 행복감 속에서 솔로르의 눈앞에 등장하는 망령들. 이들이 경사진 무대 세트를 줄지어 내려오는 모습은 마치 별이 빛나는 밤 지상으로 내려오는 천상의 존재를 보는 듯하다. 오늘날 버전에서는 총 서른두 명의 망령이 아라베스크 동작 한 번에 한 명씩 순차적으로 등장한다. 동일한 스텝이 반복되지만 인원수가 늘어남에 따라 점점 최고조에 이른다. 특히 「라 바야데르」의 발레 블랑은 인도 제국의 이국적이고 찬란한 색채와 대비되는 장면으로, 작품의 다채로움을 더하는 하이라이트라 할 수 있다.

「레 실피드」(1915), 에른스트 오플러.

이 밖에도 프티파의 작품은 플롯과 배경이 다양하기 때문에 곳곳에 배치된 발레 블랑을 찾아보는 재미가 쏠쏠하다. 「돈키호테」에서는 풍차와 싸우다 기절한 돈키호테의 꿈 장면, 「호두까기 인형 The Nutcracker」에서는 눈꽃들의 춤 등을 예로 들 수 있다. 감상 팁으로는 코르 드 발레가 만들어내는 대형에 주목해보는 것이다. 프티파 발레의 고전주의 형식은 군무의 정갈한 대형에서 두드러지는데, 수십 명의 무용수들이 일사불란하게 움직이는 역동성은 고도로 조직화되어 있다. 이 장면의 미학을 더욱 즐기고 싶다면, 2층 객석에서 바라보는 것도 좋은 선택이다.

20세기에 발레 블랑은 창작의 불씨를 지펴 새로운 형태의 발레를 탄생시켰다. 발레 블랑 자체가 하나의 작품으로 독립한 것이다. 미하일 포킨의 「쇼페니아나Chopiniana」(1907):10나 조지 발란친의 「세레나데Serenade」(1935)가 대표적이다. 이런 작품들은 구체적인 플롯이 없다. 결국 발레 블랑이 선사하는 낭만적 분위기의 즐거움은 특별한 줄거리 없이도 충분하다는 것을 증명하는 셈이다.

코르 드 발레가 선사하는 힘, 발레 블랑을 인상적으로 읽었다면 눈으로 확인하고 싶을 것이다. 추천하고 싶은 영상은 파리 오페라 발레단 버전의 「백조의 호수」다. 루돌프 누레예프의 서정적이고

:10 이 작품은 1909년 발레 뤼스에 의해 파리에서 공연할 때 「레 실피드(Les Sylphides)」라는 제목으로 변경된다. 리브랜딩한 제목은 프랑스 관객들이 쇼팽의 낭만적 음악만큼이나 「라 실피드」를 통해 익숙해진 '실피드'라는 환상적 아이콘에 더 즉각적으로 반응할 것이라 본 댜길레프의 계산된 선택일 것이다.

「분장실의 무용수」
(1874-1884),
에드가르 드가.

섬세한 안무력을 절감할 수 있을 것이다. 끝으로 발레 공연을 보는 새로운 관점도 언급한다. 주역들이 자신의 기량을 마음껏 뽐낼 때, 눈을 돌려 정교하게 줄을 맞춰 서 있는 코르 드 발레를 유심히 바라보는 것이다. 공연의 완성도는 단원 한 사람 한 사람의 몰입에서 비롯된다. 전막 공연이 끝나고 무용수들이 차례대로 나와 인사하는 커튼콜. 우리는 주인공들이 객석을 등지고 코르 드 발레를 향해 인사하는 것을 볼 수 있다. 오늘의 공연을 위해 한뜻으로 노력한 그들에게 경의를 표하는 참으로 감동적인 순간이 아닐 수 없다. 이름 없이 춤춘 이들이 있어, 무대 위 별들이 더 빛날 수 있었다.

무용수의 계급

별의 순간을 잡아라!

발레단에서 무용수들의 계급은 직급으로 철저하게 구분되어 있다. 정단원의 직급을 높은 순으로 열거하면, 수석Principals – 솔리스트Soloists – 코르 드 발레Corps de ballet로 구성된다. 수석 무용수는 전막 공연에서 주인공 역할을 담당하며, 솔리스트는 주인공은 아니지만 독무를 출 수 있다. 그리고 코르 드 발레는 군무를 담당한다. 이 직급은 그 안에서 다시 세분화되는데, 이는 발레단마다 약간씩 차이가 있다. 예를 들어 솔리스트의 경우 한국의 국립발레단은 솔리스트와 드미 솔리스트를 나누고, 러시아 볼쇼이 발레단은 리딩, 퍼스트, 솔리스트를 나눈다. 무용수들은 단내 심사를 통해 승급하거나 계약을 연장 및 종료한다.

특히 파리 오페라 발레단은 색다른 승급 체계를 갖추고 있다. 1938년부터 수석 무용수 위의 최상위 직급으로 에투왈étoile을 둔 것이다. 일명 '스타 무용수'라는 표현처럼 프랑스어로 '별'을 뜻하는 에투왈은 수석 무용수 중에서 최고에게만 수여되는 영예이다. 이탈리아의 프리마 발레리나Prima Ballerina, 프리모 발레리노Primo Ballerino와 동일하다. 파리 오페라 발레단의 에투왈은 예고 없이 공연 직후 무대 위에서 발레단 감독의 지명으로 발탁되는 관례가 있어 그 특별함을 더한다. 2021년 한국의 박

세은 발레리나는 「로미오와 줄리엣」 공연 후 동양인 최초의 에투알로 지명되었으며,
2023년 3월에는 30년 만에 이루어진 파리 오페라 발레단의 「지젤」 내한 공연에서
발레리노 기욤 디옵Guillaume Diop이 에투알로 지명되는 이벤트가 진행되어 한국 관
객들에게 잊지 못할 기억을 선사했다.

15장

에스메랄다의 탬버린,
키트리의 부채

발레 속 이국 취향과 재현의 미학을 찾아서

탬버린이 허공을 가르며 찰랑인다. 발레리나는 머리 위로 한 손을 뻗어 탬버린을 든 채, 다른 한쪽 다리를 활처럼 들어 올린다. 발끝으로 탬버린을 치고, 잠시의 균형 속에서 다시 리듬을 만든다. 마치 공중에서 연속적으로 울려 퍼지는 박자처럼 다리는 쉬지 않고 탬버린을 향해 이어진다. 그 절묘한 타격과 긴장, 무대를 장악하는 리듬은 관객에게 강렬한 인상을 남긴다. 이 독특한 솔로 베리에이션은 「에스메랄다La Esmeralda」의 하이라이트로, 콩쿠르나 갈라 무대에서 자주 공연되는 단골 레퍼토리다.

탬버린을 든 소녀 '에스메랄다'는 1836년 파리 오페라 발레에서 초연된 「에스메랄다」의 주인공으로, 빅토르 위고의 소설 『노틀담 드 파리』(1831)에서 유래한 인물이다. 발레 속 그녀는 탬버린을 들고

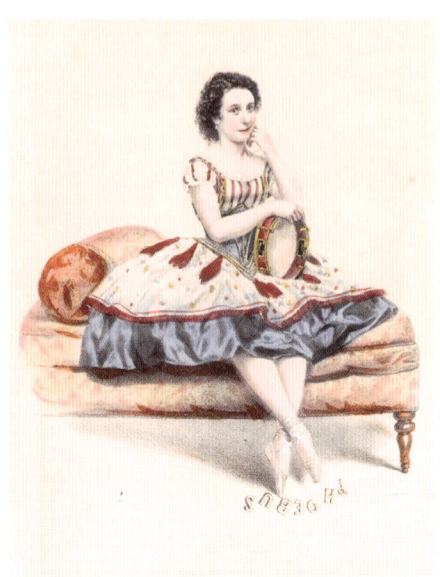

「에스메랄다」의 나데즈다 바그다노프(1859).

거리에서 춤을 추는 집시 여인으로 묘사된다. 자유롭고 관능적인 움직임, 매력적인 외모, 규범 바깥에 존재하는 삶의 방식은 '에스메랄다'를 당대 낭만주의가 이상화한 여성상으로 만든다. 발레에서 그녀는 도시의 중심에서 주변부로 밀려난 인물이자 욕망과 금기의 경계를 넘나드는 이질적 존재로 그려진다.

　　「에스메랄다」를 통해 연출된 '이국성'은 물리적 차원의 국경보다는 문화적 규범의 차원이다. 19세기 프랑스 사회에서 집시는 종교, 혈통, 언어, 생활양식 등 여러 면에서 다르게 인식된 사회 내부의 타자였고, 그로 인해 '국내의 이국성domestic exoticism'이라는 감각이 작동하게 된다. 따라서 발레 「에스메랄다」는 프랑스 사회 내부에 존재하

「대리석 소녀」의 파니 세리토를 그린 삽화.

면서도 상상 속 먼 세계처럼 구성된 존재였으며, 여주인공의 춤과 탬 버린은 그러한 타자성을 시각화하는 핵심적 장치였다.

　　이 시기 프랑스 발레는 에스메랄다처럼 사회 내부 또는 외부 의 타자를 무대화하며 다양한 형태의 이국 취향Exoticism을 체화해나 갔다. 그러니까 발레에서 이국 취향은 시각적 판타지를 창조하기 위 한 배경 장치로 자주 활용되었는데, 특히 낭만주의 시대 이후 유럽 외부의 장소들은 상상력의 원천이자 시각적 풍경으로 차용된 것이 다. 우리는 이러한 시대적 감성을 다음과 같은 아름다운 삽화들을 통해 엿볼 수 있다. 「스위스 여목동La Pastorella Svizzera」(1820년대 추정)은 알

발레 「폴과 비르지니」(1876-1877)의 노예들 의상(왼쪽)과 「카타리나, 또는 산적의 딸」(1846)의 의상 (오른쪽).

프스의 전원적 풍경과 순수한 목동의 삶을 이상화한다. 이는 도시 근대성에 대한 반발이자 자연에 대한 낭만적 동경의 산물이다. 「폴과 비르지니Paul et Virginie」(1831)는 프랑스 식민지인 모리셔스섬을 배경으로 한 작품으로, 노예 캐릭터와 열대 식생을 포함한 세트, 인종적 타자와의 로맨스를 담고 있다. 이 작품은 오리엔탈리즘과 식민적 낭만주의의 전형을 보여준다. 「카타리나, 또는 산적의 딸Catarina, ou La Fille du Brigand」(1846)은 이탈리아 산악지대를 배경으로 한 작품으로, 산적의 삶과 자유로운 여성상을 결합시킨다. 캐릭터는 자연인으로서 격정적이고 본능적인 인물로 묘사된다. 「해적Le Corsaire」(1865)은 해적과

「해적」에서 노예 소녀 메도라를 납치한 해적 콘라
드 역으로 분장한 발레리노 빌헬름 에벨의 모습.

「스위스 여목동」의상 디자인(1839), 빈첸초 바티스티니.

「세비야의 카니발의 하루」에서 마리키타 역을 맡은 롤라 몬테즈의 모습(1852, 왼쪽)과 발레 「라 파보리트」 중 카추차 춤을 위해 의상을 갖춰입은 파니 엘슬러의 초상화(오른쪽).

오스만풍 납치극을 바탕으로 한 작품으로, 동지중해 세계에 대한 서구의 판타지를 요약한 전형적 사례다.

19세기 중반, 이국 취향을 둘러싼 시각적 감각은 러시아 제국에서도 고스란히 유지되었으며, 오히려 더 정교하게 구조화되었다. 프랑스에서 시작된 이국적 상상은 러시아 제국의 광활한 영토, 다민족 구조, 그리고 유럽과 아시아를 동시에 향하는 제국적 시선과 맞물리며 새로운 문화적 양식으로 자리 잡는다. 이 과정에서 결정적인 역할을 한 인물이 러시아 발레의 아버지인 마리우스 프티파였다.

프티파는 파리 오페라 발레의 유산을 러시아 제국극장으로 이식하는 동시에, 러시아의 제국적 정체성과 접목된 이국 취향의 양

「스페니시 발레」(1862), 에두아르 마네.

식을 정립했다. 이는 프랑스 발레의 모방에 그치지 않고 러시아 특유의 정교한 무대 기술과 감각적 시각 구성, 그리고 당대의 정치·문화적 흐름과 맞물린 창작의 형태였다. 특히 이 시기 러시아와 유럽 사회는 유럽과 아시아를 잇는 교통·통신 인프라가 급격히 확장되던 시점이었다. 1883년 오리엔트 특급 열차의 개통과 1891년 시베리아 횡단 철도 착공 등이 대중의 상상 속 동방을 더욱 가깝고 실감나게 만들었다. 이처럼 기술의 진보는 거리 개념을 재편성했고, 무대에서의 이국성 또한 더 구체적이고 생생한 이미지로 가공될 수 있었다.

프티파는 이러한 시대적 감각을 발레 언어로 번역해냈다. 그의 대표작 중 하나인 「라 바야데르」는 고대 인도를 배경으로 한 서사와 함께 이국적인 풍경과 의상, 군무, 그리고 '망령의 왕국'으로 구현되는 초현실적 장면을 결합시킨 작품이다. 인도라는 장소는 실제 경험이라기보다는, 낯선 공간에 대한 유럽인의 상상을 압축한 형태로 연출된다. 무희들과 황금신상 등의 캐릭터는 이국적 동작과 의상을 통해 낯설게 구성된 타자의 몸을 표현한다. 이와 같은 시도는 이후 「파키타Paquita」, 「돈키호테」 등 다양한 작품으로 확산되며, 이국적 서사의 무대화가 러시아 발레의 전형으로 자리 잡는 계기를 마련했다.

이러한 이국 취향은 디베르티스망divertissement과 캐릭터 댄스character dance라는 형식으로 체계화된다. 디베르티스망은 줄거리와 큰 상관없이 흥을 돋우기 위해 들어가는 장면으로, 주로 축제나 결혼식 장면에 삽입된다. 다양한 민속춤이 쇼케이스처럼 등장하며 각국의 의상과 음악, 리듬이 무대 위에서 하나의 카니발적 향연을 이룬다. 「호두까기 인형」에서 중국, 스페인, 헝가리, 아랍풍 캐릭터들이 등장하는 장면이 대표적이다. 이러한 구성은 관객에게 마치 세계 여행을 하듯 다채로운 이미지를 제공함과 동시에, 제국 러시아의 다민족 정체성을 반영하는 은유적 장치로도 기능했다.

또한 캐릭터 댄스는 프티파에 의해 정형화된 민속춤의 발레화 버전으로, 실제 민속춤에서 유래한 리듬과 제스처를 고전 발레의 문법에 맞게 재구성한 양식이다. 헝가리의 차르다시csárdás, 폴란드의 마주르카mazurka, 스페인의 볼레로bolero 같은 춤들은 발레 무대 위에서 손의 선, 발의 각도, 몸의 방향 등을 정형화하며 하나의 장르로 자리 잡았다. 이처럼 캐릭터 댄스는 동시대의 문화적 다원성과 민속성에 대한 관조적 시선을 고전적 무용 문법 안에 통합시키는 장

「롤라 드 발랑스」(1862), 에두아르 마네.

「교실의 무용수들」(c. 1880), 에드가르 드가.

치였다. 결국 19세기 후반 러시아의 발레는 이국 취향을 서사와 형식 양면에서 확장 및 제도화시킨 사례라 할 수 있다. 탬버린, 캐스터네츠, 부채와 같은 오브제는 프랑스 낭만주의의 감각적 장치에서 출발했지만, 러시아 무대에서는 하나의 세계적 무용 어휘로 재맥락화되어 제국의 무대에서 이국을 감상하는 시선을 고전 미학의 일부로 편입시켜나갔다.

프티파가 안무한 수많은 작품을 들여다보면, 그 안에서 구현된 이국 취향은 하나의 유형으로 수렴되지 않는다. 오히려 이국성은 두 갈래의 경향으로 나뉜다. 하나는 스페인, 이탈리아, 헝가리 등 유럽 대륙 내 외국을 향한 문화적 상상이고, 다른 하나는 인도, 페르시아, 중국 등 아시아 지역을 대상으로 한 동방의 이미지다. 전자는 주로 유럽 내부의 낭만화된 민속성으로 형상화되며, 후자는 보다 신

「부채를 든 무용수」(c. 1890-1895), 에드가르 드가.

비롭고 환상적인 이질성으로 연출된다. 이 두 범주는 프티파가 무대 위에서 구현한 이국 취향의 스펙트럼을 이룬다.

이처럼 서로 다른 감각적 구성은 배경과 의상의 차이를 넘어서, 타자를 상상하는 방식 자체의 차이를 보여준다. 비교문학자인 에드워드 사이드(Edward Said, 1935~2003)가 말한 '오리엔탈리즘'은 서구가 동양을 일관된 방식으로 타자화하고, 신비화하며, 이국적 대상으로 재구성해온 관습적 시선을 가리킨다. 「라 바야데르」는 물론, 페르시아 신화에 근거한 동방적 요정의 환상성을 핵심으로 하는 「라 페리La Péri」, 힌두교적 세계관과 인도적 상상을 기반으로 구성된 「탈리스만Le Talisman」 같은 작품들은 이 시선을 반영하면서, 환상적 배경과 여성 신체의 탈현실적 제의화를 통해 동방을 공연 가능한 이미지로 번안해낸다. 반면, 「파키타」, 「돈키호테」, 「잠자는 숲속의 미녀」 속 디베르티스망에서는 스페인, 프랑스 남부, 오스트리아, 헝가리 등의 문화가 발레 테크닉과 융합되어 상대적으로 현실적인 이국 취향으로 표현된다.

이런 두 가지 경향은 '서구 내부의 이국적 외부'와 '서구 바깥의 오리엔탈리즘' 사이에서 각각 다른 층위의 미적 거리감을 형성하고, 관객은 이를 통해 타자적 정서의 미묘한 분화를 경험하게 된다.

흥미롭게도 이러한 구분은 20세기 소비에트 시기로 넘어가며 새로운 양상을 보인다. 소비에트 발레는 제국의 문화 유산을 계승하면서도, 사회주의 이념에 부합하는 정치화된 이국성을 창출했다. 특히 중국, 우즈베키스탄, 베트남 등 우호 국가를 다룬 작품들이 만들어졌다. 이들은 오리엔탈리즘의 연장선에 있으면서도 우정과 평화, 동맹이라는 정치적 메시지를 전면에 내세우는 방식으로 재구성되었다. 대표적으로 1927년 소비에트 발레단에서 초연된 「붉은 양귀비 The Red Poppy」는 중국 항구 도시를 배경으로 한 혁명 서사이자 공산주의 국제주의의 이국적 표현이었다.

이 작품에서 여주인공인 중국 무용수 타이초아桃花 역을 맡은 발레리나는 부채와 같은 중국 전통 오브제를 활용하여 이국적 분위기를 자아낸다. 이러한 오브제는 무대 위에서 중국 문화를 상징하는 시각적 요소로 활용되며, 소비에트 발레의 정치적 메시지를 강화하는 데 기여한다. 이처럼 프티파의 발레는 하나의 통합된 세계관이 아닌, 다층적이고 방향성 있는 이국성의 계보를 형성한다. 그리

1927년 소비에트 발레단에서 초연된 발레 「붉은 양귀비」의 한 장면. 소비에트 연방 우표에 그려진 그림이다.

고 그 계보는 제정 러시아의 제국주의부터 소비에트 시기의 문화 외교에 이르기까지, 발레라는 형식 안에서 꾸준히 갱신되어왔다.

오늘날의 발레 무대는 여전히 다양한 방식으로 이국 취향을 반복 재현하고 있다. 특히 콩쿠르에서 자주 선택되는 베리에이션들은 19세기와 20세기의 이국적 장면을 농축한 장면들이다. 이러한 장면에서 핵심적인 역할을 하는 것은 탬버린, 캐스터네츠, 부채와 같은 오브제들이다. 이 오브제들은 특정 인물의 정체성, 서사의 분위기, 공간의 배경, 타자적 미감을 아우르는 복합적 기호로 기능한다. 예컨대 「에스메랄다」의 탬버린은 자유롭고 민속적인 리듬을 시각화하며, 「돈키호테」의 키트리가 사용하는 캐스터네츠는 열정적인 스페인 신체미를 소환한다. 「붉은 양귀비」에서 사용된 부채는 중국 문화를 상징하는 제스처이자, 이국성을 정치적으로 활용한 상징물인 셈이다.

이국 취향은 무용수에게 요구되는 표현 범위를 확장시키는 장치이기도 하다. 고전 발레가 정형화된 자세와 선을 강조한다면, 이국적 베리에이션은 민속적 리듬감, 표현력, 소도구 조작 능력까지를 요구하기 때문이다. 탬버린을 발로 차거나, 캐스터네츠에 맞춰 점프를 구사하고, 부채를 활용해 시선을 유도하는 동작은 무용수의 몸을 상징을 연기하는 주체로 변모시킨다. 이제 우리는 다리를 높이 들어 탬버린을 치는 현란한 동작 너머에서 더 많은 것을 읽어낼 수 있다. 그것은 주체와 타자, 자국성과 이국성의 긴장 관계 속에서 형성된 의미다.

세상의 중심에서 K-발레를 외치다

김치가 뉴욕의 미슐랭 한식당에서 고급 요리로 재탄생하고 '달고나 커피'가 세계인의 입맛을 사로잡은 것처럼, K-문화는 '글로컬 전략'의 대표 주자로 부상해왔다. 한국만의 정서와 감각이 세계인의 취향과 결합하며 새로운 문화적 가능성을 보여준 셈이다. 그리고 이제, 발레도 예외가 아니다. 'K-발레'는 서구에서 유입된 예술을 모방하는 단계를 지나서, 한국의 몸과 감각으로 빚어진 새로운 발레 언어를 만들어내며 세계와 공명하고자 하는 동시대 예술의 이름이 되었다.

오늘날 K-발레를 이야기할 수 있게 된 데에는 오랜 시간의 축적이 있었다. 한국적 소재를 활용한 발레는 일찍이 1930년대부터 등장했다. 배구자의 「무궁화」(1930), 「방아타령」(1931), 조택원의 「학」(1937) 등은 그 초기 흔적들이다. 이후 국립발레단은 초대 단장 임성남의 「지귀의 꿈」(1974)을 시작으로 「처용」(1981), 「배비장」(1984), 「춘향의 사랑」(1986), 「왕자 호동」(1988), 「바리」(1998), 그리고 문병남 안무의 「왕자 호동」(2009)에 이르기까지 30년이 넘는 시간 동안 꾸준하게 한국적인 창작 발레를 선보여왔다.

이러한 창작 발레는 주로 민족 정체성, 전통예술 요소, 역사적 서사를 중심에 두고, 외래 예술인 발레를 우리의 것으로 소화하기 위한 의지로부터 비롯되었다. 따라서 이 시기의 창작 발레는 스토리와 무대미술에 한국적 특색을 접목하며, 한국무용의 동작을 장식적 요소로 활용하는 경우가 많았다. 이 흐름을 대표하는 작품이 유니버설발레단의 「심청」(1986)이다. 이 작품은 효孝 사상을 중심 주제로 삼아 전통의상과 무대 연출에서 한국의 미감을 뚜렷하게 드러냈고, 국내외에서 큰 주목을 받으며 한국 창작 발레의 가능성을 보여주었다.

반면 최근의 K-발레는 이러한 접근을 뛰어넘는 새로운 미학적 전략을 취하고 있다. 한국적 정서를 서사로 설명하기보다는, 감각적으로 움직임에 녹여내는 것이다. 유니버설발레단의 「춘향」(2007)은 선형적인 스토텔링 방식의 내러티브 발레 형식을 따르지만 전체적으로 발레와 한국 춤을 억지로 접붙이려는 강박 없이 오롯이 장르의 미덕을 살린 구성이 인상 깊다. 국립발레단의 강효형 안무가는 「요동치다」(2015)에서 국악의 장단과 리듬을 몸의 구조로 해석했고, 「허난설헌-수월경화」(2017)에서는 조선 여성 시인의 정서를 추상적인 이미지로 실체화했다. 또한 윤별발레컴퍼니의 창작발레 「갓GAT」(2024)은 조선시대 의복 '갓'으로부터 발레의 어휘와 새로운 움직임의 스타일을 탐구한 작품이다. 족두리로부터 신부의 수줍음을, 정자관으로부터 전래동화 속 놀부의 성품을 끌어와 형상화한다. 즉, 오늘날의 안무가들은 한국적 소재를 비선형적으로 구조화하거나 추상적으로 재해석함으로써 컨템퍼러리 발레의 조류 속에서 한국적 발레의 미학을 확장하고 있다.

이제 한국의 창작 발레는 더 이상 '무엇이 한국적인가?'를 설명하려 하지 않는다. 오히려 '무엇이 한국인에게 익숙한 정서이고, 그것을 어떻게 세계와 공감할 수 있는 언어로 바꿀 수 있을까?'를 고민한다. 이렇게 한국적인 몸짓과 정서, 감각이 더 이상 경계선에 머무르지 않고, 세계를 향해 열린 무대 언어로 진화하고 있다. 그 언어는 과거 민족주의적 정체성에서 출발했지만, 이제는 개인의 감각과 시대의 공기를 담아낸 살아 있는 예술로 자리 잡고 있다. 한국 발레가 세계와 진정한 공명을 이루어낼 수 있다면, 그것은 어떤 정답을 발견한 순간이 아니라 끊임없이 질문을 던지는 몸의 사유에서 비롯된 것일 것이다.

미주

[01] https://operabaroque.fr/BEAULIEU_REINE.htm

[02] 장 오리외, 『카트린 드 메디치-검은 베일 속의 백합』, 이재형 옮김, 들녘, 2005, p. 411.

[03] 이은경, 『발레 이야기 - 천상의 언어, 그 탄생에서 오늘까지』, 열화당, 2001, p. 13.

[04] Philip Mansel(2020), *King of the World: The Life of Louis XIV*, cited in Tim Blanning(2020), "Solar Power", The Wall Street Journal, p. Cp.

[05] Murielle Schlup(2023), The dancing Sun King, Schweizer Natinal Museum Blog. https://blog.nationalmuseum.ch/en/2023/01/the-dancing-sun-king/

[06] 알퐁스 드 라마르틴, 『라마르틴 시선』, 윤세홍 옮김, 지식을만드는지식, 2021, pp. 35-37.

[07] 김말복, 『무용예술코드』, 한길아트, 2011, p.73.

[08] Richard Kendell(1996), *Degas Beyond Impressionism* , Yale University Press, p. 126.

[09] 김말복, 『무용예술코드』, 한길아트, 2011, pp. 23~24.

[10] 스즈키 쇼, 『발레의 탄생』, 김경자 옮김, 한성대학교 출판부, 2007, pp. 9~11.

[11] De Vonyar, J. and Kendall, R.(2002), *Degas ans the Dance*, New York: Harry N. Abrams, pp. 197~198.

[12] Edmond Duranty(1966), "*Impressionism : Critical Views*", ; Linda Nochlin, *Impressionism and Post-Impressionism 1874-1904*, Prentice-Hall. p. 5.

[13] Adriana Trenev(2008), *Degas and His Dance Images as a Form of New Media Journalism*, M.A. dissertation, University of Southern California.

[14] 박일호, 『문화와 미술』, 미진사, 2012, p. 252.

[15] 이광래, 『미술 철학사 1 - 권력과 욕망: 조토에서 클림트까지』, 미메시스, 2016, p. 541.

[16] 김광선, 「서양 음악극의 역사(4): 오페레타」, 『공연과 리뷰』 제15권, 1998, p. 96.

[17] Sarah Gutsche-Miller(2015), *Parisian Music-Hall Ballet, 1871-1913*, New York: University of Rochester Press, pp. 1~2.

[18] Hélène Laplace-Claverie(2006), *L'américanisation du ballet vers 1880*, in Isabelle Moindrot, Olivier Goetz et al., *Le spectaculaire dans les arts de la scène - du romantisme à la Belle Époque*, Paris: CNRS, pp. 281~282.

[19] Tim Scholl(1994), *From Petipa to Balanchine*, New York: Routledge, p. 1.

[20] Jennifer Homans(2010), *Apollo's Angels: A History of Ballet*, New York: Random House, p. 245.

[21] Tim Scholl(1994), p. 2.

[22] Jennifer Hormans(2010), p. 249.

[23] Ibid., p. 249.

[24] Ibid., pp. 251~252.

[25] Ibid., p. 253.

[26] Ibid., p. 254.

[27] Ibid., p. 265.

[28] 1835년에 출판된 Heinrich Heine의 L'Allemagne에서 인용.

[29] 한지영, 〈유니버설 발레단 '지젤', 두 세기를 건너온 사랑의 무대, 낭만의 숨결로 감수성을 회복하다〉, 「더프리뷰」, 2025년 5월 3일.
http://www.thepreview.co.kr/news/articleView.html?idxno=10934

[30] THE MARIUS PETIPA SOCIETY. https://petipasociety.com/about/

[31] THE MARIUS PETIPA SOCIETY. https://petipasociety.com/the-pharaohs-daughter/

[32] 김말복, 『무용예술의 이해』, 이화여자대학교 출판부, 2003, p. 151.

[33] Tim Scholl(1994), p. 12.

[34] 유주현, 〈일곱 빛깔 '라 바야데르' 내 안에 담겼죠〉, 「중앙SUNDAY」, 2018년 10월 27일.
https://n.news.naver.com/article/353/0000032383?fbclid=PAQ0xDSwL3Af9leHR
uA2FlbQIxMQABpyatoRhgK-ADnpL650q5bccAawIUtfcMdS03f6WD1RGFBi5-
T7HBG08EA84s_aem_oI6LWipe9IXoQ3BSmenGXQ)

[35] Lynn Garafola, Diaghilev's Ballets Russes, New York: Oxford University Press, 1989, p. vii.

[36] 임효진, 「댜길레프(Sergei Diaghilev)의 무용공연 기획 스타일에 관한 연구」, 이화여자대학교 석사학위 논문, 2011, p. 92.

[37] 이덕희, 『나의 오빠 니진스키』, 문예출판사, 1987, p. 162.

[38] William C. Carter, Marcel Proust: A Life, with a New Preface by Author, London: Yale University Press, 2013, p. 491.

[39] https://upload.wikimedia.org/wikipedia/commons/6/61/Vaslav_Nijinsky_tombe.jpg

[40] 신혜조, 「러시아 발레 교육의 역사와 바가노바 시스템」, 『한국과 세계』 제6권 2호, 2024, p. 401.

[41] Ibid., p. 405.

[42] Jennifer Homans(2010), p. 112.

본문 도판 목록

■ 프랑스

가스통 라 투슈(Gaston La Touche, 1854-1913)
「튈르리의 분수A Water Fountain in the Tuileries」(c. 1890-1913)
「무대 위 발레리나Ballerinas in the Teater」(c. 1890-1913)
「그랜드 오페라 하우스 가면무도회The Masquerade Ball-Grand Opera House」(20세기 초)
「인터미션Intermission」(연도 모름)
「발레Le Ballet」(19세기 후반)
「그늘 속의 분수Water Jet in the Shadow」(연도 모름)

레오나르 소르펠트(Léonard Saurfelt, 1823-1899)
「오베르 거리에서 본 오페라 가르니에, 1880년경L'Opéra Garnier vu de la rue Auber, vers 1880」(1880-
　　1885)

루이 베로(Louis Béroud, 1852-1930)
「오페라 가르니에의 계단L'escalier de l'Opéra Garnier」(1877)

마르틴 페핀(Martin Pepijn, 1575-1643)
「결혼식 무도회The Court Ball」(1604)

모리스 를루아르(Maurice Leloir, 1853-1940)
「루이 13세 왕의 궁정에서의 춤A Ball at the Court of King Louis XIII」(1901)
「밤의 발레'에 출연한 루이 14세」(1931)

알렉상드르 뤼누아(Alexandre Lunois, 1863-1916)
「발레 무용수들Ballet Dancers」(19세기 후반~20세기 초반)

알베르 기욤(Albert Guillaume, 1873-1942)
「극장에서At the Theater」(1915)
「늦게 온 관객들The Latecomers」(1914)

알프레드 에드워드 찰론(Alfred Edward Chalon, 1780-1860)
「라 실피드」에서의 마리 탈리오니 석판화(1845)

앙리 드 지세(Henri de Gissey, c. 1621-1673)
「밤의 발레'에서 아폴론의 모습을 한 루이 14세Louis XIV as Apollo in the Ballet Royal de la Nuit」(1653)

앙리 드 툴루즈 로트레크(Henri de Toulouse Lautrec, 1864-1901)
「발레 무용수들Ballet Dancers」(1885)
「물랭 루주에서, 춤At the Moulin Rouge, The Dance」(1890)

「물랭 루주에서의 춤, 라 굴뤼와 발랑탱 데조세The Dance at the Moulin Rouge, La Giulue and Valentin le Désossé」(1895)

「마드무아젤 에글랑팅 무용단Mademoiselle Eglantine's Troupe」(1896)

「실페릭에서 볼레로를 추는 마르셀 렌더Marcelle Lender Dancing the Bolero in Chilpéric」(1895-1896)

「서 있는 무용수」(1890)

「분홍색 스타킹을 신고 앉아 있는 무용수」(1890)

앙리 제르벡스(Henri Gervex, 1852-1929)

「발레리나들Ballerinas」(연도 모름)

「발레의 막 뒤에서Behind the Curtain at the Ballet」(c. 1890)

앙리 트스틀랭(Henri Testelin, 1616-1695)

「어린 루이 14세의 초상화」(17세기)

에두아르 마네(Édouard Manet, 1832-1883)

「스페니시 발레Spanish Ballet」(1862)

「롤라 드 발랑스Lola De Valence」(1862)

에드가르 드가(Edgar Degas, 1834-1917)

「'악마 로베르' 발레 장면Ballet Scene from Meyerbeer's Opera 'Robert le Diable'」(1872)

「'악마 로베르' 발레 장면Ballet Scene from Meyerbeer's Opera 'Robert le Diable'」(1876)

「발레(스타)Ballet(L'étoile)」(1878)

「경주 전에Before the Race」(c. 1887-1889)

「잘못된 출발The False Start」(c. 1869-1872)

「외제니 피오크르의 초상Portrait d'Eugénie Fiocre」(c. 1865)

「꽃다발을 든 댄서Dancer with a Bouquet of Flowers」(1878)

「무용 수업The Dance Class」(1873-1876)

「발레 연습The Rehearsal」(1875)

「연습실의 댄서들(3명의 댄서)Dancers in a Exercise Room(Three Dancers)」(1873)

「무대 리허설The Rehearsal of the Ballet Onstage」(1874)

「커튼The Curtain」(1880)

「발레The Ballet」(1880)

「흔들리는 무용수(녹색 옷을 입은 무용수)Swaying Dancer(Dancer in Green)」(1877-1879)

「오페라의 오케스트라The Orchestra of the Opera」(1870)

「오케스트라 연주자들Orchestra Musicians」(1872)

「14살의 어린 무용수The Little Fourteen-Year-Old Dancer」(1879-1880)

「팔을 치켜들고 앞으로 나아가는 무용수Dancer Moving Forward, Arms Raised」(1882-1895)

「옛 오페라 하우스의 무용수들Dancers at the Old Opera House」(c. 1877)

「러시아 무용수들Russian Dancers」(1899, 본문 126쪽)

「러시아 무용수들Russian Dancers」(1899, 본문 127쪽)

「할리퀸 댄스Arlequin danse」(c. 1890)

「무용수La Danseuse」(1900년 무렵)

「발레리나A Ballerina」(1900)

「공연 후의 발레리나들Ballerinas After The Performance」(1900년 무렵)

「피에로와 무용수Pierrot and the Dancer」(연도 모름)

「사랑의 속삭임A Whisper of Love」(연도 모름)

「발레 무대 뒤Backstage at the Ballet」(1890)

「발레 슈즈를 찾아서A Ballerina」(1900)

「바에서At the Barre」(1888)

「무용수La Danseuse」(1897)

「발레 수업The Ballet Lesson」(1914, 251쪽)

「발레 수업The Ballet Lesson」(연도 모름, 252쪽)

「공연 전에(드레싱 룸)Before The Performance(The Dressing Room)」(1897)

프랑수아 가브리엘 기욤 레폴레(François Gabriel Guillaume Lépaulle, 1804-1886)

「발레 '라 실피드'에서의 마리 탈리오니와 그녀의 남동생 폴Marie Taglioni et son frère Paul dans le ballet de la Sylphide」(1834)

■ 러시아

드미트리 카르돕스키(Dmitry Kardovsky, 1866~1943)

「러시아 제국 궁정의 무도회A ball at the Russian Imperial Court」(1913)

레온 박스트(Léon Bakst, 1866-1924)

「세르게이 댜길레프의 초상」(1906)

「바츨라프 니진스키의 초상화」(1910)

발렌틴 세로프(Valentin Serov, 1865-1911)

「발레 '레 실피드'의 안나 파블로바Anna Pavlova in the ballet Les Sylphides」(1909)

「미하일 포킨의 초상Portrait of Mikhail Fokin」(1909)

세르게이 수데이킨(Sergei Sudeikin, 1882-1946)

「러시아 발레('아르미드의 파빌리온'에서 파블로바와 니진스키)Russian Ballet(Pavlova and Nijinsky in Pavillon d'Armide)」(1907)

「발레Ballet」(1910)

콘스탄틴 마콥스키(Konstantin Makovsky, 1839-1915)

「러시아 신부의 복장The Russian Bride's Attire」(1889)

콘스탄틴 소모프(Konstantin Andreevic Somov, 1869-1939)

「러시아 발레단Russian Ballet」(1910)

「러시아 발레. 샹젤리제, 실프Russian Ballet. Champs-Elysees. Sylph」(1932)

안나 파블로바를 위한 콜롬빈 의상 스케치(1909)

■ 영국

오거스터스 찰스 푸긴(Augustus Charles Pugin, 1762-1832)
「코벤트 가든 극장Covent Garden Theatre」(1808)

존 그레고리 크레이스(John Gregory Crace, 1809-1889)
「런던 세인트 제임스 극장의 내부Interior of St. James Theatre, London」(1835)

존 헨리 로빈슨(John Henry Robinson, 1796-1871)
「지젤의 주인공을 맡은 카를로타 그리지의 초상화Portrait of Carlotta Grisi in the title role of Giselle」
    (1842)

줄리어스 멘데스 프라이스(Julius Mendes Price, 1857-1924)
「발레의 아름다운 여인The Belle of the Ballet」(1899)

■ 독일

게오르그 리히터-뢰스니츠(Georg Richter-Lößnitz, 1891-1938)
「발레리나들과 피에로Ballerinas and Pierrot」(1912)

에른스트 오플러(Ernst Oppler, 1867-1929)
「발레 장면Ballet Scene」(1915)
「레 실피드Les Sylphides」(1915)
「빈사의 백조의 안나 파블로바Anna Pawlowa Als Sterbender Schwan」(연도 모름)

카를 구스타프 카루스(Carl Custav Carus, 1789-1869)
「달빛 아래 갈대밭 사이의 백조The Swan Among the Reeds, by Moonlight」(1852)

■ 덴마크

폴 구스타프 피셔(Paul Gustave Fischer, 1860-1934)
「발레 준비Preparing for the Ballet」(1909)
「발레학교Ballet School」(1889)

■ 스페인

엔리케 미랄레스 다르마닌(Enrique Miralles Darmanin, c. 1855-1900)
「무용수Dancer」(연도 모름, 177쪽)
「발레리나의 휴식The Ballerina's Rest」(연도 모름)
「발레리나Bailarina」(1880년대 무렵, 220쪽)

■ 스웨덴

안데르스 소른(Anders Zorn, 1860-1920)
「백조The Swan」(1915)

힐마 아프 클린트(Hilma af Klint, 1862-1944)
「백조 1번The Swan, No. 1」(1915)

■ 아일랜드

존 레이버리(John Lavery, 1856-1941)
「백조의 죽음 : 안나 파블로바Le Mort du Cygne: Anna Pavlova」(1911)

■ 미국

에버렛 신(Everett Shinn, 1876-1953)
「백색 발레The White Ballet」(1904)

존 슬론(John Sloan, 1871-1951)
「발레 슬리퍼Ballet Slipper」(1901)

윌러드 메트캘프(Willard Metcalf, 1858-1925)
「발레 무용수들(드레싱 룸)The Ballet Dancers(The Dressing Room)」(1885)

발레,
미술관에 가다

지은이_ 한지영
펴낸이_ 양명기
펴낸곳_ 도서출판 **북피움**

초판 1쇄 발행_ 2025년 12월 10일

등록_ 2020년 12월 21일 (제2020-000251호)
주소_ 경기도 고양시 덕양구 충장로 118-30 (219동 1405호)
전화_ 02-722-8667
팩스_ 0504-209-7168
이메일_ bookpium@daum.net

ISBN   979-11-987629-9-3 (03680)